A GAZETA

Edição esportiva 347

S. Paulo, 11 de Setembro de 1933

Perigosa disputa na área corinthiana

...linha do tricolor cerrou célere e o balão vae ser golpeado por Luizinho, já na área, mas Jahú adeanta-se e acerca-se da pelota, fazendo uma elastica devolução de cabeça

Gazeta Press - Foto por Nicole Mingoranci

A GAZETA

A Gazeta Esportiva ANO XI — 636

S. Paulo, 24 de Abril de 1939

ANTES DA TEMPESTADE...

Gazeta Press - Foto por Nicole Mingoranci

O arbitro, os capitães, os "bandeirinhas" e o diretor tecnico da Liga no momento do sorteio para a escolha do campo... antes do temporal que truncou lamentavelmente a partida de ontem no Parque S. Jorge, desiludindo o grande publico que abarrotou o estadio.

GABRIEL CARDOSO PEREIRA GAMA

MAJESTOSO

A HISTÓRICA RIVALIDADE ENTRE CORINTHIANS E SÃO PAULO

Copyright ©Gabriel Cardoso Pereira Gama, 2022

Direitos reservados e protegidos pela lei 9.610 de 19.02.1998.
É proibida a reprodução total ou parcial sem autorização, por escrito, da editora.

Coordenação Editorial: Sálvio Nienkötter
Editor-Executivo: Claudecir de Oliveira Rocha
Editor-adjunto: Daniel Osiecki
Capa e design editorial: Carlos Garcia Fernandes
Produção: Cristiane Nienkötter
Revisão e preparação de originais: Otacílio Nunes

Dados Internacionais de Catalogação na Publicação (CIP)
Angelica Ilacqua CRB-8/7057

Gama, Gabriel Cardoso Pereira
  Majestoso : a histórica rivalidade entre Corinthians e São Paulo / Gabriel Cardoso Pereira Gama. – Curitiba : Kotter Editorial, 2022.
  120 p. : il.

ISBN 978-65-5361-147-4

1. Futebol 2. Sport Club Corinthians Paulista - História 3. São Paulo Futebol Clube - História I. Título

CDD 796

22-5203

Kotter Editorial Ltda.
Rua das Cerejeiras, 194
CEP: 82700-510 - Curitiba - PR
Tel. + 55(41) 3585-5161
www.kotter.com.br | contato@kotter.com.br

Feito o depósito legal
1ª Edição
2022

GABRIEL CARDOSO PEREIRA GAMA

MAJESTOSO

A HISTÓRICA RIVALIDADE ENTRE CORINTHIANS E SÃO PAULO

Sumário

Um trabalho majestoso	9
São Paulo X Corinthians: uma história em comum	11
"O time da elite"	23
"O time do povo"	39
O majestoso ao longo da história	45
Conclusão: Majestoso, para sempre	109
Referências	113
O futebol como retrato da sociedade	117

Um trabalho majestoso

Conheci Gabriel Gama há exatos vinte anos, durante a Bienal do Livro de 2002, no lançamento do meu *O Livro de Ouro do Futebol*. Foi quando fiquei sabendo que, além de termos nascido no mesmo dia e mês (27 de fevereiro), embora separados por dezessete anos (eu sou de 1968, ele é de 1985), temos muitas outras coisas em comum. Dividimos principalmente algumas paixões, como a pesquisa histórica, o futebol e, sobretudo, a pesquisa histórica SOBRE futebol.

Nessas já completadas duas décadas de amizade, o Gabriel (felizmente) cruzou o meu caminho em diversas outras oportunidades. Duas delas, talvez as mais constantes, foram durante as aulas da disciplina Jornalismo Esportivo, primeiro no curso livre que ministro na Faculdade Cásper Líbero, depois na pós-graduação *lato sensu* daquela mesma conceituada instituição, a mais antiga escola superior de jornalismo do Brasil.

Como requisito parcial para a especialização em Práticas Jornalísticas na Contemporaneidade (o outro requisito foram as notas, altas, que o Gabriel atingiu nas respectivas disciplinas daquela pós), ele apresentou a monografia que, aqui, aparece republicada no formato de livro: *Majestoso – A histórica rivalidade entre Corinthians e São Paulo*. Para além disso, e estreitando ainda mais a nossa convivência, o Gabriel me deu a honra de ser o seu orientador naquele trabalho. Aceitei na hora, pois o Majestoso, para mim, guarda razões antes de mais nada afetivas. Sou neto de um são-paulino desde os tempos do Paulistano, cujo filho, meu pai, tornou-se corintiano (assim como eu) após assistir a um jogo da década de 1930 em que o Corinthians derrotou o São Paulo. Sou marido de uma mulher e pai de duas outras que, talvez cumprindo a lei do eterno retorno, optaram pelo Tricolor.

O ano era 2020, e vivíamos o auge do isolamento causado pela pandemia da Covid-19. Nada disso, porém, impediu o Gabriel de realizar este belo trabalho – apenas mais um, para quem conhece sua competência profissional como historiador e na checagem de informações para revistas do porte de *Veja* e *Placar*.

A cada texto do Gabriel que eu recebia para leitura como orientador, vinham à minha mente os versos da canção de Tom Jobim e Vinicius de Moraes: "Se todos fossem iguais a você...". Costumo dizer que um professor orientador é como um instrutor de autoescola: ele não acelera nem freia, apenas avisa quando o carro "vai bater". Neste caso, porém, jamais houve risco de colisão: meu trabalho foi bastante facilitado, porque desde o início Gabriel já sabia muito bem o que queria. Principalmente, e como ele mesmo propunha no resumo, seu objetivo era "analisar a questão social que está na origem desse ressentimento, que opõe os estereótipos de 'time do povo' (Corinthians) x 'time da elite' (São Paulo)". Mas ele acabou fazendo muito, muito mais do que isso.

Antes de abordar a história do clássico e da rivalidade em si, o livro que você tem agora em mãos começa contando as histórias do Sport Club Corinthians Paulista e do São Paulo Futebol Clube, para em seguida relacioná-las com aquilo que se entendia como "elite" e "povo" nas primeiras décadas do século XX. Na sequência, Gabriel entra no mérito do "Majestoso", nome dado em 1942 pelo jornalista Thomaz Mazzoni (1900-1970) ao confronto entre aqueles dois clubes, analisando-o década a década. Finalmente, desemboca no significado dessa rivalidade, que, como o próprio autor constata, "está longe de terminar".

Para mim, foi antes de tudo um enorme prazer ter orientado e qualificado a monografia com a nota 10, em comum acordo com a professora doutora Helena Jacob, além de agora estar escrevendo o prefácio deste livro. Um trabalho majestoso, como o próprio jogo de futebol que ele retrata.

Celso Unzelte

SÃO PAULO X CORINTHIANS: UMA HISTÓRIA EM COMUM

Antes de começar a abordar a história do clássico e da rivalidade entre os dois clubes, é preciso fazer um breve resumo da história de ambas as agremiações.

O Sport Club Corinthians Paulista foi fundado na capital paulista no dia 1º de setembro de 1910 por cinco operários – Joaquim Ambrósio, Carlos Silva, Raphael Perrone, Antônio Pereira e Anselmo Corrêa – e mais oito rapazes, que para tanto se reuniram à luz de um lampião na esquina da atual Rua José Paulino, na época chamada de Rua dos Imigrantes, com a Cônego Martins, no bairro do Bom Retiro, na região central da cidade. Era um time de várzea.

Diz a lenda que o tal grupo de operários se inspirou na passagem do cometa Halley por São Paulo[1]. Hoje, o clube tem como seu uniforme número 1 camisa e meias brancas e calção preto. Mas, quando foi fundado, ele se apresentava com camisa na cor bege, golas e punhos pretos, e calção também preto. Com o tempo e várias lavagens, o tecido das camisas acabou desbotando e o clube, sem dinheiro para comprar outras, adotou logo em seguida a camisa na cor branca como oficial[2].

O nome Santos Dumont FC chegou a ser sugerido para a agremiação, porém, na época era praxe homenagear equipes estrangeiras tomando de empréstimo sua denominação. Assim, o novo time ganhou o nome que mantém até agora devido à excursão que o Corinthian Football Club – hoje nomeado Corinthian-Casuals Football Club, um clube amador que está atualmente na sétima divisão inglesa – fez naquele ano de 1910 no Brasil. Um dos escretes que o Corinthian enfrentou na ocasião, vencendo por 2 a 0, foi a Associação Atlética das Palmeiras,

---

[1] O cometa Halley passou pela cidade de São Paulo em maio de 1910, portanto quase 4 meses antes da fundação do Corinthians. A última vez que o Halley havia passado perto do nosso planeta fazia 75, 76 anos. Segundo consta no site da Biblioteca Nacional, o jornal *O Paiz* do dia 19 de maio de 1910 assim se referiu ao susto após a passagem do cometa: "O monstro passou... incólume, o susto também passou... pode continuar o caminho". Disponível em: <https://www.bn.gov.br/acontece/noticias/2015/05/18051910-cometa-halley-passa-entre-sol-terra>). Como mostra o livro *A história do Campeonato Paulista: 1902-1996*, a passagem do Halley levou à criação, na capital paulista, do Halley Team, que, assim como o corpo celeste, teve passagem meteórica pelo futebol varzeano. Cf. FONTENELLE, André; STORTI, Valmir. *A história do Campeonato Paulista: 1902-1996*. São Paulo: Publifolha, 1997.

[2] Ver GINI, Paulo; RODRIGUES, Rodolfo. *A história das camisas dos 12 maiores times do Brasil*. São Paulo: Panda Books, 2009. p. 61.

uma das agremiações que iriam formar, como veremos adiante, o atual São Paulo Futebol Clube. Além de jogar contra a Associação Atlética das Palmeiras, o Corinthian enfrentou um combinado paulista e também o São Paulo Athletic Club, onde atuava Charles Miller[3]. Antes de vir a São Paulo, o Corinthian havia passado pela cidade do Rio de Janeiro, então capital do país, e em três jogos, sendo dois contra o Fluminense e um contra a seleção "brasileira" – que era formada por atletas nascidos no país e também estrangeiros –, marcou 23 gols e tomou apenas 4. Os jogadores do escrete inglês foram homenageados com jantares de gala e a imprensa os chamava de "Corinthians", com "s"[4]. Corinthian, vale lembrar, significa, na língua inglesa, natural de Corinto, Grécia. Essa cidade-estado ficou famosa por ser sede dos Jogos Ístmicos, uma competição entre atletas gregos que, já por volta de 580 a.C., corria de quatro em quatro anos.

A partir de meados da década de 1910 e durante os anos 1920, o Corinthians disputou campeonatos paulistas, às vezes em ligas diferentes e em outras na mesma liga do Club Athletico Paulistano.

Depois de jogar na várzea por três anos, em 1913 o novo time pleiteou uma vaga junto à Liga Paulista de Futebol (LPF) e foi aceito, tornando-se assim o quarto dos chamados "Três Mosqueteiros" (os outros eram Sport Club Americano, Sport Club Germânia – hoje Esporte Clube Pinheiros – e Sport Club Internacional). Aí reside a origem do mascote do clube, justamente um mosqueteiro, eternizado por Thomaz Mazzoni[5] depois de uma vitória corintiana contra o Sportivo Barracas

---

[3] Charles Miller (1874-1953) era paulistano, filho de um funcionário inglês da São Paulo Railway, que ainda criança foi estudar na Inglaterra, onde se tornaria centroavante da equipe do Southampton. Em 1894, trouxe da Inglaterra duas bolas de futebol e organizou alguns jogos, como um de 1895, realizado na Várzea do Carmo, entre as ruas do Gasômetro e Santa Rosa, no qual o time do São Paulo Railway, em que ele atuava, enfrentou o escrete da Companhia de Gás, tendo como resultado final um 4 a 2 para o São Paulo Railway. Miller foi o primeiro artilheiro da história do campeonato paulista, em 1902, e seria também o grande goleador em 1904. Foi campeão paulista com o São Paulo Athletic Club nos anos de 1902, 1903 e 1904. Parou de jogar em 1910, tendo virado depois árbitro. É considerado o introdutor do futebol no Brasil e hoje dá nome à praça na frente do Estádio do Pacaembu.

[4] Cf. FONTENELLE; STORTI, 1997.

[5] Thomaz Mazzoni (1900-1970) foi um jornalista italiano. Veio para o Brasil ainda bebê com a família e aos 28 anos foi contratado por Cásper Líbero para trabalhar no jornal *A Gazeta*. Ele transformou a página de esportes de *A Gazeta* em jornal, nascendo assim *A Gazeta Esportiva*. Exerceu a função de dirigente da seleção brasileira nas Copas do Mundo

da Argentina por 3 a 1, no Parque São Jorge, em partida realizada no dia 1º de maio de 1929.

Já o São Paulo Futebol Clube foi fundado na capital paulista no dia 25 de janeiro de 1930, fruto da fusão do Club Athletico Paulistano com a Associação Atlética das Palmeiras. O uniforme titular é a mistura do uniforme daqueles dois times – a listra horizontal vermelha do Paulistano, a horizontal preta da Associação Atlética das Palmeiras e a camisa branca de ambos os clubes. O time era chamado pela imprensa de São Paulo da Floresta, devido ao campo onde jogava, a Chácara da Floresta[6], então pertencente à Associação Atlética das Palmeiras. A agremiação comprou, em seguida, uma luxuosa sede no centro da cidade, na Rua Conselheiro Crispiniano, atrás do Teatro Municipal. Era um pequeno palácio, conhecido como "Trocadero". Com isso, contraiu uma grande dívida, o que acabou gerando sua fusão com o Clube de Regatas Tietê; ao mesmo tempo, o clube fechou o Departamento de Futebol.

Um grupo de sócios, que não concordava com a união do chamado Floresta com o Tietê, passou a fazer oposição à diretoria da agremiação e a reivindicar a volta do São Paulo Futebol Clube original. Assim, em 4 de junho de 1935, surgiu o Clube Atlético São Paulo, com 235 associados remanescentes. E no dia 16 de dezembro de 1935 ressurgia o São Paulo Futebol Clube, que, depois de tantos empecilhos superados, ganhou em 1937 o já mencionado apelido de "Clube da Fé".

Antes de destacar os jogos mais importantes em cada década realizados entre Corinthians e São Paulo, é importante se debruçar sobre as trajetórias da Associação Atlética das Palmeiras e do Club Athletico Paulistano, que se uniram, como foi dito, para formar o atual São Paulo Futebol Clube.

---

de 1938, na França, e de 1954, na Suíça. Foi Mazzoni quem apelidou o Corinthians de Mosqueteiro, o Palmeiras de Alviverde, o São Paulo de Clube da Fé, o Juventus de Moleque Travesso. Mais do que isso, nomeou os clássicos entre Corinthians e Palmeiras de Derby, Palmeiras e São Paulo de Choque-Rei e – atenção – Corinthians e São Paulo de Majestoso. Sobre ele, ver o site do Museu do Futebol: <https://museudofutebol.org.br/crfb/personalidades/470604/>.

[6] Chácara da Floresta foi o primeiro estádio de futebol da história do São Paulo Futebol Clube e o segundo em importância para a capital paulistana, depois do Velódromo. Pertencia à Associação Atlética das Palmeiras e ficava no bairro da Ponte Grande, onde hoje se situa a Ponte das Bandeiras.

A Associação Atlética das Palmeiras foi fundada no dia 9 de novembro de 1902 na capital paulista "por jovens moradores do bairro de Santa Cecília, região da atual Rua das Palmeiras, Baronesa de Itu e Martim Francisco"[7]. Eis um pouco de história:

> No meio destas ruas havia um amplo terreno coberto por vegetação que pouco tempo depois se tornou o local onde se encontravam para jogar futebol. Seu campo ficava na Avenida Angélica, onde na época havia apenas chácaras e terrenos vazios. Na constituição o clube abrigava algumas das principais famílias da cidade. A consagração do clube se deu quando este participou do Campeonato Paulista em 1904, juntamente com Sport Club Germânia, atual Esporte Clube Pinheiros, Paulistano, Mackenzie e Sport Club Internacional. Mas o time não era um time de várzea comum, jogava constantemente contra os segundos quadros, como eram chamados os times reservas, das principais equipes da Liga e obtinha bons resultados.[8]
>
> A Associação Atlética das Palmeiras possuía uma grande identificação econômico-cultural com o Club Athletico Paulistano e com o Clube de Regatas São Paulo, antecessor do atual Clube de Regatas Tietê, hoje já extinto, fato que motivou o presidente do Clube de Regatas São Paulo, Alberto Menezes Borba, oferecer à Associação uma parte de terreno localizado na Chácara da Floresta, da qual era proprietário, juntamente com Frederico Steidel, ao lado das instalações do Clube de Regatas São Paulo. Quando o clube se estabeleceu na Chácara da Floresta, em 1904, passou por um período de desenvolvimento.[9]
>
> Em 1906, a liga resolveu ampliar o número de clubes participantes e abriu uma nova vaga; todavia, além da Associação Atlética das Palmeiras, o Clube Atlético Internacional, que era da cidade de Santos, foi o primeiro clube de fora da capital a disputar o campeonato paulista e atualmente já foi extinto, também estava interessado nela. Nesse ano, houve uma cisão no Paulistano e alguns de seus jogadores vieram reforçar o time. Foi disputado então um jogo que definiria o novo componente da liga, no qual a Associação Atlética das Palmeiras venceu por 4 a 0 e passou a fazer parte da primeira

---

[7] FERREIRA, Renata; ALMEIDA, Marco Antonio Bettine de. Os clubes de futebol e o processo de urbanização e racionalização da cultura na região do rio Tietê (1889-1945). *EFDeportes.com*, Revista Digital. Buenos Aires, Año 16, No. 165, Febrero de 2012. Disponível em: <https://www.efdeportes.com/efd165/os-clubes-de- futebol-e-o-processo-de-urbanizacao.htm>.

[8] Ver FARAH NETO, José Jorge; KUSSAREV JR., Rodolfo. *Almanaque do Futebol Paulista 2001*. São Paulo: Editora Panini, 2001. p. 414.

[9] Ver FERREIRA; ALMEIDA, 2012.

divisão.[10] "Em 1925, segundo notícia do *Jornal do Commercio* de 29 de fevereiro de 1925, o clube já contava com um departamento de atletismo, tênis e pingue-pongue, além de um departamento de remo, polo aquático e bola ao cesto, conforme *O Estado de S. Paulo*, de 6 de março de 1925"[11].

A Associação Atlética das Palmeiras foi campeã paulista em 1909, 1910 e 1915 (de maneira invicta). Participou do cenário futebolístico até 1928 e no ano seguinte se uniria ao Club Athletico Paulistano, dando origem ao São Paulo Futebol Clube.

Um dos destaques da Associação Atlética das Palmeiras foi o jogador Otávio Egídio (1892-1918), que "estreou no clube com apenas 16 anos marcando dois gols contra o Botafogo do Rio de Janeiro. Parou de jogar, no entanto, com apenas 24 anos. Era conhecido pelo talento de goleador, apesar de jogar recuado. Morreu supostamente atingido pela gripe espanhola"[12].

Um registro importante: "Em 1915, o Corinthians, campeão paulista no ano anterior, não disputou o campeonato e por isso foi obrigado a passar a temporada fazendo amistosos, e um desses foi contra a Associação Atlética das Palmeiras, que o Corinthians venceu por 3 a 0. O jogo foi disputado no velódromo" de São Paulo[13], que ficava na Rua da Consolação, entre as ruas Martinho Prado e Olinda, onde, mais tarde, ficariam a Rua Nestor Pestana, o Teatro Cultura Artística e a Praça Roosevelt.

A propósito, o Velódromo foi o primeiro estádio de futebol na história do Brasil, inaugurado em 21 de junho de 1896 para o ciclismo – pelo paulistano Antônio da Silva Prado (1840-1929), primeiro prefeito da cidade de São Paulo, que ficou no cargo entre 1899 e 1911, e também um dos fundadores do Club Athletico Paulistano –, e em 18 de outubro de 1901 para o futebol. Uma reportagem do jornal *Lance!* do dia 13 de outubro de 2016 relata que "o Velódromo tinha capacidade para até 8 mil pessoas, sendo que 4 mil pessoas ficavam nas arquibancadas de madeira cobertas e o restante do público assistindo às partidas de pé,

---

[10] Ver FARAH NETO; KUSSAREV JR., 2001.
[11] Ver FERREIRA; ALMEIDA, 2012.
[12] Ver FONTENELLE; STORTI, 1997.
[13] Ver FONTENELLE; STORTI, 1997.

como era comum nos primeiros anos do futebol brasileiro. Foi nesse estádio que se popularizou o conceito de 'gerais', com seus ingressos mais acessíveis". Isso porque

> nos hipódromos da França, na segunda metade do século XIX, como as arquibancadas eram pequenas, milhares de fãs do turfe se aglomeravam nos limites da raia e em colinas para ver as provas. Era a "pelouse". No Velódromo Paulista, com o crescente interesse pelo futebol, as arquibancadas para 4 mil pessoas logo deixaram de ser suficientes e o comportamento visto nos hipódromos franceses foi "imitado". Como o futebol ocupou a parte interna da pista (que era de saibro e tinha uma leve inclinação – que acabou colaborando para melhor visualização do gramado), os torcedores ganharam para si um espaço enorme que era destinado às corridas de bicicleta. Eram 4 mil lugares a mais, em setor que logo ganhou o nome de geral. Desde os hipódromos franceses, "gerais" era o termo que designava os torcedores não associados aos clubes. O nome "gerais" foi usado no Velódromo Paulista "para identificar o conjunto de homens em pé, geralmente um público com menor escolaridade e poder aquisitivo". Rapidamente, "o lugar dos gerais" virou "geral". E, evidentemente, os torcedores mais nobres tinham seus lugares garantidos na arquibancada.[14]

No livro *Cego é aquele que só vê a bola*, João Paulo França Streapco, afirma que estavam presentes na inauguração do Velódromo "algumas personalidades paulistas da época, como o então governador do estado de 1896 a 1897, Manuel Ferraz de Campos Salles (1841-1913), e Raphael Aguiar Paes de Barros (1830-1898), um dos fundadores do Jockey Club de São Paulo"[15].

O destino do Velódromo começou a ser selado em 1910, com a morte de Veridiana da Silva Prado (1825-1910), que era mãe de Antônio da Silva Prado, que, como se viu, era então prefeito de São Paulo. "Os herdeiros foram pressionados pela especulação imobiliária que transformaria a cidade nas décadas seguintes e venderam o local para o Banco Italiano, que pretendia lotear o terreno, abrindo uma rua no meio. O

---

[14] Cf.: https://www.terra.com.br/esportes/lance/e-proibido-vaiar-lance-resgata-memorias-do-1-estadio-de-futebol-do-brasil-demolido-ha-100-anos,02fc9ed4aca4cb5fef12886ccda2b0f3tns9pskw.html

[15] São Paulo: Edusp, 2016. p. 27.

estádio seguiu sendo usado até 1915", como conta a citada reportagem do *Lance!*, e foi pivô da primeira cisão do futebol paulista, em 1913. Leia-se o que relata o blog História do Futebol (historiadofutebol.com/blog/):

> Como maior estádio da cidade, ele era usado para a maioria das partidas do Campeonato Paulista, porém a Liga Paulista de Futebol (LPF) tinha de pagar um aluguel ao Paulistano. Insatisfeito com o profissionalismo velado que começava a aparecer no futebol da cidade, ainda predominantemente amador, o clube decidiu aumentar os valores cobrados da LPF para o Campeonato Paulista de 1913. Diante da situação, a liga optou por alugar o Parque Antarctica, atual Allianz Parque, por um valor menor. A estreia do Paulistano, contra o Sport Club Americano, foi agendada para o Parque Antarctica, mas o clube do Jardim América compareceu ao Velódromo, alegando que a "mudança" tinha sido comunicada em cima da hora. Quando a LPF decidiu dar os pontos do jogo ao Americano, o Paulistano anunciou sua saída e fundou a Associação Paulista de Esportes Atléticos (APEA), na época grafada como Associação Paulista de Sports Athleticos (APSA).
> Quando a cisão finalmente terminou, em 1917, o Velódromo já tinha sido não só desapropriado, para a abertura da Rua Nestor Pestana, em 1915, como também demolido, no primeiro semestre de 1916. A derradeira partida no estádio ocorreu em 7 de novembro de 1915, uma vitória da seleção paulista sobre a seleção carioca por 8 a 0. O Velódromo foi o primeiro estádio que teve importância para o futebol paulista.
> A APEA, então, levou as arquibancadas do Velódromo para a Chácara da Floresta, que, ampliada, com capacidade para dois mil lugares sentados sobre as antigas arquibancadas e treze mil lugares em pé, passou a ser o principal campo da cidade. Ao lado, os jogadores do Corinthians estavam construindo seu próprio campo (que só ficaria pronto em 1918), em um terreno doado pela Prefeitura na Ponte Grande. Já o Paulistano passou a jogar, a partir do fim de 1917, no Estádio Jardim América, que tinha capacidade para 15 mil pessoas, das quais apenas 1500 sentadas nas arquibancadas.
> Em 1919 a Sociedade de Cultura Artística adquiriu o terreno do antigo Velódromo para a construção de sua sede própria, que só seria construída na década de 1950, fundando ali o Teatro Cultura Artística.

A Associação Atlética das Palmeiras usava camisa branca com uma listra horizontal preta, cor também do calção e das meias. Como ressalta o

Blog Boleiros S/A (http://cneboleiros.blogspot.com/), o uniforme era parecido com o titular envergado pelo Olimpia do Paraguai. No entanto, o clube também

> jogou com uma camisa metade esquerda preta e a outra metade branca, calção branco e meias pretas. Sua característica de time elitista pode ser comprovada pelo fato de que, até 1915, só doutorandos, engenheiros e bacharéis de Direito podiam jogar pelo time.
> Em 1916, a Associação Atlética das Palmeiras ajudou o Palestra Itália, fundado em 1914, a ganhar uma vaga para disputar o Campeonato Paulista de Futebol pela primeira vez. Esse fato seria lembrado em 1942, quando o Palestra Itália foi obrigado a mudar de nome em função da 2ª Guerra Mundial, e passou a se chamar Sociedade Esportiva Palmeiras, em homenagem à Associação Atlética das Palmeiras.
> Na metade da década de 1920, a discussão em torno da profissionalização ou não do futebol paulista levou a um racha entre clubes pró-profissionalização liderados pelo Corinthians e Palestra Itália durante o campeonato da APEA em 1926, e clubes pró-amadorismo e elitismo no esporte bretão liderados pelo Club Athletico Paulistano, Sport Club Germânia (atual Esporte Clube Pinheiros) e a Associação Atlética das Palmeiras.
> Porém, a profissionalização era irreversível, e, após quatro temporadas, a Liga dos Amadores de Futebol (LAF) foi extinta, com seu líder, o Paulistano, fechando o departamento de futebol para a disputa do Paulistão. A Associação Atlética das Palmeiras, após uma vexatória última colocação no Paulistão de 1928, não disputou o campeonato em 1929. Porém, decadente, endividado e sem condições de disputar o Paulistão de 1930, retira-se definitivamente de campo e termina extinto.
> Em janeiro de 1930, alguns profissionais e diretores se juntaram com outros do Club Athletico Paulistano, cedendo patrimônio e jogadores, para dar origem ao São Paulo Futebol Clube. O Tricolor Paulista herdou as cores que simbolizam a fusão das duas agremiações.

Segundo o site Todo Poderoso Timão (todopoderosotimao.com), baseado no *Almanaque do Timão*, escrito por Celso Unzelte[16], o histórico de confrontos entre Corinthians e Associação Atlética das Palmeiras foi amplamente favorável ao primeiro. Isso porque o Corinthians venceu

---
[16] São Paulo: Placar, 2000.

nada menos do que 15 vezes, houve um empate e somente uma vitória coube à Associação Atlética das Palmeiras. O Corinthians marcou 55 gols e sofreu apenas 18, tendo um saldo de 37. Uma dessas partidas não teve o resultado conhecido, contudo as outras tiveram placares estrondosos para o Corinthians, como o 5 a 3, em jogo válido pelo campeonato paulista de 1918 no dia 12 de janeiro de 1919; 6 a 1 no dia 5 de dezembro de 1920; 6 a 3 no dia 28 de maio de 1922 e até um 7 a 2 no dia 13 de maio de 1924. O único empate foi de 0 a 0, no dia 3 de dezembro de 1922. A solitária vitória da Associação Atlética das Palmeiras foi por 3 a 2 no dia 14 de julho de 1918. A primeira partida entre os dois clubes com resultado conhecido foi no dia 1º de maio de 1915 no Velódromo, com vitória do Corinthians por 3 a 0. O último jogo aconteceu no dia 31 de maio de 1925 na Chácara da Floresta com vitória do Corinthians por 4 a 1. Houve somente uma partida amistosa entre Corinthians e Associação Atlética das Palmeiras – todos os outros jogos aconteceram válidos pelo campeonato paulista. Além do Velódromo e da Chácara da Floresta, Corinthians e Associação Atlética das Palmeiras se enfrentaram no Parque Antarctica, e na Ponte Grande, primeiro estádio corintiano, que ficava próximo à Ponte das Bandeiras, entre os terrenos do Clube de Regatas Tietê e da Associação Atlética das Palmeiras. O Corinthians jogou neste estádio entre 1918 e 1927, quando se mudou para o Parque São Jorge, no bairro do Tatuapé. Foi nesse estádio da Ponte Grande que o Corinthians conquistou o tricampeonato paulista de 1922, 1923 e 1924.

"O TIME DA ELITE"

O Club Athletico Paulistano (CAP) é uma agremiação poliesportiva brasileira sediada na cidade de São Paulo. Foi fundada no dia 29 de dezembro de 1900 e sua primeira sede foi no antigo Velódromo, localizado na Rua da Consolação. Atualmente, sua sede encontra-se no Jardim América, na Rua Honduras, próximo à Rua Estados Unidos.

O CAP, conhecido por ter as cores branca e vermelha, possui em média 40 modalidades esportivas, entre amadoras e profissionais. Nos primeiros anos após sua fundação, foi um dos principais clubes na era do futebol amador, quando o esporte ainda dava seus primeiros passos no Brasil. Atualmente, seu grande destaque é o basquete, tendo sido campeão brasileiro do NBB (Novo Basquete Brasil) na temporada 2017-18, e vice em 2013-14 e 2016-17.

O clube foi fundado com a ideia de que as famílias pudessem frequentá-lo e também para que fosse introduzida no país a cultura de valorização da educação física. Na reunião em que ocorreu a fundação do CAP estavam presentes os irmãos Martinico (1843-1906) e Antônio da Silva Prado. Conta Vinicius Moratta em um artigo de esporte no site Recanto das Letras (recantodasletras.com.br):

> No ato de sua fundação, estiveram reunidos apenas 59 homens, e durante vários anos, o clube foi exclusivamente masculino.
> Era comum que os clubes de São Paulo fundados no fim do século XIX e no começo do século XX fossem poliesportivos, mesclando as mais diversas modalidades, individuais ou coletivas. E o Paulistano não seria diferente. Entre os esportes que os sócios do CAP passaram a praticar estavam o ciclismo, a pelota basca e ginástica. Mas a primeira modalidade que de fato ganhou destaque foi o futebol. Após a morte de Veridiana da Silva Prado, proprietária do Velódromo, em 11 de julho de 1910, seus herdeiros anunciaram a venda do estádio e o terreno foi comprado pelo Banco Italiano, que pretendia abrir uma rua no local e loteá-la. O CAP manteve o arrendamento do Velódromo com o novo proprietário até o final de 1915, quando foi anunciado que ele seria demolido para a criação da Rua Nestor Pestana. Precisando de uma nova sede, o clube encontrou um local no Jardim América, bairro ainda em formação, na Rua Augusta, 541. Washington Luís (1869-1957), que foi prefeito da cidade de São Paulo entre 1914 e 1919, contribuiu com a mudança, calçando a Rua Augusta para facilitar o acesso. Linhas de bonde também foram modificadas pela Light, empresa responsável, para

que os passageiros chegassem mais rápido ao local, em cerca de 18 minutos. Assim, foi surgindo de fato o Jardim América, que passou a ser conhecido como bairro do Paulistano.

As obras foram oficialmente concluídas em 29 de dezembro de 1917. A inauguração da nova sede teve além da presença de Washington Luís, que era o atual prefeito e futuro Presidente da República, do governador do estado de São Paulo, Altino Arantes (1876-1965) e do poeta Olavo Bilac (1865-1918), que hasteou a bandeira do clube. A sede conta com um grande parque aquático, 13 quadras de tênis e um campo de futebol, além de uma escola infantil, restaurantes, cinema, salas de jogos, academia e salão de beleza.

O Paulistano nasceu como um clube poliesportivo e demorou a aceitar a inclusão do futebol nas atividades do clube. Em 1901, três sócios do clube (há discordância quanto ao nome de um deles: Clovis Glycerio ou Olavo de Barros, Renato Miranda e Sílvio Penteado) assistiram, no Colégio Mackenzie, uma partida de futebol entre o Mackenzie e o Sport Club Internacional e ficaram entusiasmados. Os três encontraram um conhecido, Ibanez Salles, meia-direita do time da Associação Atlética Mackenzie College (AAMC), clube que foi fundado em 1898 e do qual um dos fundadores foi Belfort Duarte (1883-1918) que fundou o America do Rio de Janeiro em 1904 além de ter sido o responsável pelo fato do clube America ter tantos "clones" pelo Brasil, que sugeriu a introdução da modalidade no Club Athletico Paulistano. A ideia foi de fato levada ao clube, mas não foi para frente pela falta de interesse dos sócios. Meses mais tarde, no final daquele mesmo ano, Ibanez encontrou novamente os mesmos amigos no campo do São Paulo Athletic Club (SPAC), fundado por ingleses e primeiro campeão paulista da história no ano de 1902, e insistiu na proposta. E desta vez surtiu efeito e os treinos foram iniciados no Velódromo. E não tardou para o futebol começar a fazer sucesso. No início da modalidade no país, as partidas eram disputadas apenas entre sócios da mesma agremiação. Com o tempo, clubes diferentes começaram a se enfrentar entre si e dessa forma, em 13 de dezembro de 1901, foi fundada a Liga Paulista de Futebol (LPF), idealizada por Antônio Casemiro da Costa. E em maio de 1902, São Paulo Athletic Club fundado no dia 13 de maio de 1888, Associação Atlética Mackenzie College fundada no dia 18 de agosto de 1898, Sport Club Internacional fundado no dia 19 de agosto de 1899, Sport Club Germânia (atual Esporte Clube Pinheiros) fundado no dia 7 de setembro de 1899 por alemães e Club Athletico Paulistano deram início ao primeiro campeonato organizado do Brasil, o campeonato paulista.

No seu *Cego é aquele que só vê a bola*, João Paulo França Streapco observa: "o prefeito Antônio Prado em 1904, cujo filho foi um dos idealizadores do Paulistano e cuja mãe, dona Veridiana, foi a construtora do Velódromo, que regulamentou a prática de futebol na cidade pela lei número 702". A lei de então determinava rígidos critérios para a construção de campos de futebol. Dizia:

> Artigo 2 – O campo de futebol será estabelecido de maneira a seus limites guardarem sempre uma distância nunca menor de 20 metros das casas, jardins, propriedades de terceiros, ruas e praças públicas, e será separado do resto do terreno por uma tela de arame pelo menos, construída à custa das pessoas ou associações que mantiveram o divertimento.
> Parágrafo – Quando os limites do campo de futebol forem um outro campo ou quando ficarem a distância maior de 30 metros das propriedades de terceiros e ruas ou praças, será dispensada a cerca por meio de tela de arame.[17]

Como um dos fundadores da Liga Paulista de Futebol, o Paulistano disputou todos os campeonatos por ela promovidos de 1902 até 1912.

Em 1913, quando ocorreu a primeira cisão das ligas, o Paulistano liderou a criação da APEA (Associação Paulista de Esportes Atléticos). Na verdade, a equipe discordava da popularização que o esporte estava sofrendo com o surgimento de clubes como o Corinthians e o Clube Atlético Ypiranga, fundado em 1906. Em 1916, a Liga Paulista de Futebol foi extinta, e a liga criada pelo Paulistano continuou forte e prestigiada. "Foi entre 1917 e 1925 que a hegemonia do Paulistano foi contestada por Corinthians e Palestra Itália. Os três times eram os maiores do estado e formaram o primeiro 'trio de ferro' do futebol paulistano, disputaram títulos, mobilizaram simpatizantes, criaram rivalidades", escreve Streapco[18].

Um dos grandes feitos do Paulistano na esfera do futebol foi a sua excursão pela Europa realizada em 1925, a primeira viagem oficial de um escrete brasileiro ao chamado Velho Continente. Ela teve sua organização a cargo do então presidente do clube, Antônio da Silva

---
[17] Ver STREAPCO, 2016, p. 25-26.
[18] Ver STREAPCO, 2016, p. 73-74.

Prado Júnior (1880-1955), que negociou diretamente com a Federação Francesa de Futebol. Além do feito inédito, a performance do time no exterior foi digna de aplauso.

A delegação, composta por 21 jogadores, sendo quatro deles emprestados por outros clubes, disputou dez jogos e venceu nove, com destaque para o primeiro duelo, contra um selecionado da França, o qual o Paulistano venceu pelo placar de 7 a 2. O Paulistano também ganhou da Suíça por 1 a 0 e de um selecionado de Portugal por 6 a 0. A sua única derrota foi para o clube francês Cette, atual Sète, que está atualmente na terceira divisão francesa, por 1 a 0.

Depois de voltarem da Europa,

> o Paulistano incorporou ao seu elenco dois jogadores que antes pertenciam anteriormente à Associação Atlética São Bento, clube fundado em 1914 e atualmente extinto, pelo Padre Katon que era professor no Ginásio São Bento, e que viajaram como reforços do Paulistano apenas para os amistosos disputados na Europa: Nestor, que era goleiro, e Barthô, que era zagueiro, dois que futuramente iriam jogar pelo São Paulo Futebol Clube.[19]

Com o tempo, o futebol foi se consolidando no Brasil. Entretanto, o que antes havia começado como um esporte aristocrático, disputado pelas elites, passou a ver o crescente interesse e a progressiva entrada de pessoas de classes mais baixas nas agremiações. Assim, apesar da popularização do futebol, clubes de São Paulo e do Rio de Janeiro não viam com bons olhos a profissionalização da modalidade, já que jogadores de origem rica não precisavam de remuneração. Todavia, a popularidade cada vez maior do futebol e a pressão das torcidas por vitórias obrigou os diretores dos escretes a contratarem "bons jogadores", o que acarretou a presença de atletas que não pertenciam à elite:

> Em 1926, o futebol começava a partir para o profissionalismo e o Paulistano, fiel às raízes amadoras do esporte, foi contrário sendo o grande pivô da discussão sobre amadorismo e o profissionalismo, ou o chamado "profissionalismo marrom", prática usual na década de 1920, que garantia o pagamento de gratificações aos jogadores vindos de classes populares. Assim defendendo o amadorismo

---

[19] Ver STREAPCO, 2016, p. 74.

puro e a elitização do esporte, o Paulistano se tornou dissidente da Associação Paulista de Esportes Atléticos (APEA) e fundou uma nova liga, a LAF (Liga dos Amadores de Futebol). Entre os anos de 1926 e 1929, aconteceram duas versões do campeonato paulista tendo, portanto, dois campeões por ano, um de cada entidade. A liga durou até 1929, ano que acabou não obtendo o reconhecimento oficial da Confederação Brasileira de Desportos (CBD), atual Confederação Brasileira de Futebol (CBF), dessa forma, em 1930, o estadual foi reunificado, já com a iminente profissionalização. Assim, em 8 de janeiro de 1930, o Paulistano encerrou as atividades da LAF e optou por fechar seu departamento de futebol quando o time se juntou à Associação Atlética das Palmeiras para formar o atual São Paulo Futebol Clube.[20]

O Paulistano atuava usando camisa branca com uma listra horizontal vermelha, calção branco e meias pretas.

Em 1920, o time venceu, sem uma derrota sequer, o Torneio dos Campeões, uma das primeiras competições em nível nacional no futebol no país, organizada pela Confederação Brasileira de Desportos (CBD), atual Confederação Brasileira de Futebol (CBF). As despesas foram pagas pela CBD e todas as partidas ocorreram no Rio de Janeiro, mais exatamente no Estádio das Laranjeiras, casa do Fluminense e palco, no ano anterior, do título inédito do Brasil no Campeonato Sul-Americano de Seleções, atual Copa América. Não por acaso: à época, aquele era o maior estádio do país. O torneio foi disputado entre os dias 25 de março e 3 de abril. Participaram da competição, além do Fluminense, anfitrião e campeão carioca de 1919, o próprio Paulistano, que era o campeão paulista do mesmo ano, e o Brasil de Pelotas, primeiro campeão gaúcho da história, título também alcançado em 1919. O Paulistano ganhou de 7 a 3 do Brasil de Pelotas, no dia 25 de março, e de 4 a 1 do Fluminense, em jogo realizado no dia 28 de março.

O Paulistano foi campeão paulista em 1905 (de maneira invicta), 1908, 1913, 1916, 1917, 1918, 1919, 1921, 1926, 1927 (sem perder um só confronto) e 1929. Com isso, transformou-se no maior campeão paulista da era amadora, com 11 títulos. Para se ter uma ideia, quando o Paulistano saiu dos campos, o Corinthians tinha ganhado somente sete títulos e o Palestra Itália contava com apenas três. Participou de todas as

---
[20] Ver FARAH NETO; KUSSAREV JR., 2001, p. 416.

edições do campeonato paulista de 1902 até 1929, quando, ao final da disputa daquele ano, como se viu antes, uniu-se à Associação Atlética das Palmeiras, dando origem ao São Paulo Futebol Clube.

Ressalte-se que até hoje continua sendo o único clube que conquistou quatro títulos seguidos no campeonato paulista. Os títulos, conforme a lista apresentada anteriormente, foram conquistados nos anos de 1916, 1917, 1918 e 1919 – ano em que a partida decisiva foi a de uma retumbante vitória por 4 a 1 frente ao Corinthians, em jogo realizado no dia 21 de dezembro, com gols de Zito, Friedenreich (dois tentos) e Agnello; Garcia marcou para o Corinthians. O Paulistano seria vice-campeão em 1920 e conquistaria o título em 1921, ou seja, poderia ter ganhado seis títulos seguidos! O Corinthians foi campeão paulista em cima do Paulistano nos anos de 1922 (o do centenário da Independência do Brasil), 1923 e 1924. O jogo decisivo do título de 1922 aconteceu na verdade já em 1923, no dia 4 de fevereiro – vitória por 2 a 0, com gols de Tatu e de Gambarotta. Quanto ao campeonato de 1924, a partida final ocorreu em 11 de janeiro de 1925 – placar de 1 a 0, com o único tento tendo sido marcado por Tatu. Como entre 1913 e 1916 existiram, simultaneamente, a Liga Paulista de Futebol e a Associação Paulista de Esportes, e, no período de 1926 a 1929, a Liga dos Amadores de Futebol e a Associação Paulista de Esportes Atléticos, Corinthians e Paulistano foram campeões no mesmo ano, só que em ligas diferentes, em 1916 e em 1929.

A título de curiosidade, o Corinthians conseguiu ganhar três vezes seguidas o campeonato paulista em 1922, 1923 e 1924; 1928, 1929 (invicto) e 1930; 1937, 1938 (sem perder nenhum confronto) e 1939; 2017, 2018 e 2019.

O clube poderia ter conquistado pela quarta vez seguida o campeonato em 1925 (ao ficar em segundo lugar no campeonato por pontos corridos), em 1931 (ficou em sexto), em 1940 (ao ficar em quarto lugar) e em 2020, ao perder a final para o Palmeiras.

O Alviverde conseguiu apenas uma vez vencer por três vezes seguidas o Paulista. Foi nos anos de 1932 (de maneira invicta), 1933 e 1934, quando ainda se chamava Palestra Itália. O time perdeu a chance de ganhar pela quarta vez seguida em 1935 ao terminar em segundo lugar na Liga Paulista de Futebol.

O Santos conseguiu ganhar três vezes consecutivas o campeonato paulista nos anos de 1960, 1961 e 1962; 1967, 1968 e 1969; 2010, 2011 e 2012. O clube poderia ter se igualado ao Paulistano em 1963 (ao terminar em terceiro lugar), em 1970 (ficou em quarto) e em 2013, quando perdeu a final para o Corinthians.

O São Paulo Futebol Clube, por sua vez, jamais ganhou três vezes seguidas o campeonato paulista – ficando, portanto, atrás dos seus rivais e não tendo a chance de se igualar ao Paulistano[21].

Os grandes destaques do Club Athletico Paulistano em sua trajetória foram Rubens Salles (1890-1935), que "era considerado o maior jogador paulista de sua geração. Mau jogador na infância, aperfeiçoou sua técnica até estrear em 1906 no time principal do Paulistano. Chegou a recusar uma proposta em 1910 para jogar no Corinthian da Inglaterra. Rubens Salles notabilizou-se pela perfeição de seus chutes de longa distância"[22]. Salles ficaria no Paulistano até 1920, sendo campeão paulista nos anos de 1908, 1913, 1916, 1917, 1918 e 1919. Rubens Salles também jogou na seleção brasileira, tendo marcado o primeiro gol do Brasil em jogos oficiais na vitória por 1 a 0 diante da Argentina na Copa Roca de 1914. Depois que terminou sua carreira de atleta, ele se tornou treinador e comandou o São Paulo Futebol Clube entre 1930 e 1932, sendo, na realidade, o primeiro técnico da história do clube – com o relevante marco de haver conquistado o campeonato paulista de 1931.

---

[21] Se formos falar sobre as agremiações dos outros estados, a situação muda de figura. Os dois times que ganharam o maior número de estaduais de maneira consecutiva no Brasil são ABC do Rio Grande do Norte e América Mineiro, que venceram dez ao todo. No Rio Grande do Sul, o Internacional venceu em oito anos seguidos, enquanto seu rival Grêmio venceu em sete – a sequência de títulos do Grêmio poderia ter sido de 13, se o Internacional não tivesse vencido em 1961. Em Santa Catarina o recordista é o Joinville, com oito vezes seguidas. No Pará é o Remo, com sete vitórias. Na Bahia, o Bahia, com sete vezes. No Maranhão o Moto Club, que ganhou sete vezes. No Piauí, o River, também com sete. Na Paraíba, o Campinense, com seis. No Paraná, o Britânia, hoje extinto, e o Coritiba, ambos com seis. No Distrito Federal, o Brasiliense, também com seis vezes. Em Pernambuco, o Náutico venceu o campeonato seis vezes seguidas, enquanto seus rivais Santa Cruz e Sport ganharam cinco vezes. No Amapá, o recordista é o Macapá; no Amazonas, o Nacional; no Espírito Santo, o Rio Branco; e em Sergipe, o Sergipe – todos esses com seis vitórias consecutivas. Em Goiás, o Goiânia e o Goiás ganharam cinco vezes seguidas o campeonato, mesmo número obtido pelo recordista cearense, o Ceará. Já no Rio de Janeiro, o máximo de vezes que um clube conseguiu conquistar seguidamente o título estadual foi quatro, igualando o estado de São Paulo. Fluminense e Botafogo foram os que conseguiram isso.

[22] Ver FONTENELLE; STORTI, 1997.

Mário de Andrada e Silva (1900-1957) nunca chegou à seleção brasileira, mas foi um dos pilares da grande equipe do Paulistano nas décadas de 1910 e 1920. "Descendente de José Bonifácio de Andrada e Silva, patriarca da Independência do Brasil, sua família está ligada ao Club Athletico Paulistano desde a fundação. Por isso desde garoto frequentou o clube, jogando nos times de base. Começou a jogar aos 8 anos, mudando-se depois para estudar em Itu e Araraquara. Voltou à capital paulista em 1915 e em 1916 já estava no time principal para jogar ao lado de Friedenreich, com quem foi tetracampeão paulista em 1916, 1917, 1918 e 1919. Voltou a conquistar o estadual em 1921 e participou da histórica excursão do Paulistano em 1925, a primeira de um time brasileiro à Europa. Pendurou as chuteiras cedo, aos 25 anos, e mudou-se para Santos, onde dedicou-se aos negócios. Seu nome é muito vinculado à lenda dos 1329 gols de Friedenreich, porque, segundo o jornalista De Vaney, Mário teria ficado de contabilizar os gols de 'El Tigre' e ficado de repassar a lista final ao repórter santista, mas nunca foi possível comprovar a existência dessa lista"[23].

Por fim, o grande destaque do Paulistano, até hoje tratado como ídolo pelo clube, foi Arthur Friedenreich (1892-1969), o maior jogador brasileiro do amadorismo. Como relata um texto publicado no site da CBF (cbf.com.br), Friedenreich era "filho de um alemão e de uma brasileira mulata, nasceu pardo e com olhos verdes, sendo um legítimo exemplo da miscigenação de nossa raça. Desde pequeno, o alto e forte rapaz paulistano demonstrava interesse pela bola na várzea da capital paulista. O ingresso dele na modalidade, no entanto, aconteceu de forma curiosa. Durante uma partida na rua, o jovem foi atropelado. Não sofreu nada além de arranhões e seu pai, Oscar, pensando em evitar um novo incidente, matriculou o filho no clube Germânia, atual Esporte Clube Pinheiros. Através de uma medida protetiva do pai, Fried teve seu primeiro contato 'pra valer' com a pelota que tanto amava e, ainda sem ter muita noção disso, iniciou a grande carreira".

A posição de origem do craque foi a de centroavante. "El Tigre", como ficou conhecido, acabou introduzindo novas jogadas no ainda recente futebol brasileiro, na época ainda amador, como o drible curto,

---

[23] Cf. o site do Museu do Futebol: <https://museudofutebol.org.br/crfb/personalidades/531374/>.

o chute de efeito e a finta de corpo. Em razão de seus gols, o jogador, diz o site da CBF,

> foi levado para o Mackenzie em 1912 e para o Ypiranga em 1913. Em 1914, Friedenreich fez parte da equipe que disputou o primeiro jogo da história da Seleção Brasileira, diante do Exeter City Football Club, da Inglaterra, atualmente na quarta divisão inglesa, vitória do Brasil por 2 a 0. No mesmo ano de 1914, ganharia com a seleção brasileira a Copa Roca contra a Argentina. Em 1916 e em 1917, amargou suspensões, por desobediência aos dirigentes, que prejudicaram seu desempenho nesses dois anos. Em 1918, Fried começaria a sua história no Paulistano no que seria a melhor fase da sua carreira. No primeiro ano se sagrou campeão paulista, no ano seguinte além do título paulista também foi o artilheiro do campeonato com 26 gols. Nesse ano de 1919, ganharia o apelido de "El Tigre" dos uruguaios, vice-campeões, depois de ter feito o gol do título do Brasil no Campeonato Sul-Americano, atual Copa América, na vitória por 1 a 0 no Estádio das Laranjeiras, no Rio de Janeiro. Fried ainda foi o artilheiro daquele Campeonato Sul-Americano com 4 gols. Um a Zero foi o nome que o músico Pixinguinha compôs para o choro e para homenagear a vitória do Brasil. Friedenreich jogaria no Paulistano até 1929, ganhando os títulos paulistas de 1921, 1926, 1927 e 1929, além de ter ganhado o Campeonato Sul-Americano com o Brasil em 1922. Mesmo em uma época sem internet e jogos com transmissão em TVs, Friedenreich também alcançou um status de astro internacional. Esta fama começou em uma excursão do Paulistano à Europa, time que o atacante defendeu, no ano de 1925. (...) O Paulistano ganhou nove jogos na excursão e Friedenreich marcou 11 gols, o que fez com que ele ganhasse novos apelidos como Le roi du football (O rei do futebol) e Le danger (O perigo).

Depois que Friedenreich saiu do Paulistano passou a defender o São Paulo Futebol Clube, onde atuou de 1930 a 1935, ganhando com o time o campeonato paulista de 1931. O escrete do São Paulo campeão daquele ano passou para a história como "Esquadrão de Aço". Sua formação era esta: Nestor; Clodô e Barthô; Milton, Bino e Fábio; Luizinho, Siriri, Friedenreich, Araken Patusca e Junqueirinha. Pelo São Paulo FC, o craque marcou 102 gols em 124 jogos. É o 18º maior artilheiro do clube e tem uma das melhores médias, 0,82 gol por jogo. Como conta o blog Memórias do Ventura (http://ventura-memriasdoventura.blogspot.com):

Em 1932, assim que iniciou o conflito entre paulistas e o governo de Getúlio Vargas, Friedenreich fez uma breve pausa em sua vitoriosa carreira e se alistou no exército paulista. Começou como sargento e chegou até o posto de tenente, saindo do conflito como herói. Comandou uma divisão de 800 desportistas, num clima descrito por ele mesmo como tenso, porém de extrema camaradagem. Além da participação ativa no campo de guerra, também doou medalhas de ouro e troféus para arrecadar dinheiro na causa dos paulistas.

Ironicamente, em 1933, o jogador entraria para a história do futebol profissional, apesar de ter sido contra a profissionalização do futebol, ao marcar o primeiro gol no jogo entre São Paulo e Santos, com vitória do Tricolor por 5 a 1, no estádio santista da Vila Belmiro. No mesmo ano, Friedenreich jogou pelo Atlético Mineiro, tendo encerrado sua carreira em 1935 no Flamengo. Como abordaremos mais tarde, o craque acabou não disputando a Copa do Mundo de 1930 no Uruguai.

De acordo com o site todopoderosotimao.com, mais uma vez com base no *Almanaque do Timão*, de Celso Unzelte, o histórico de confrontos entre Corinthians e Club Athletico Paulistano foi favorável ao Paulistano. Isso porque em 19 jogos, o Paulistano ganhou nove vezes, enquanto o Corinthians venceu em oito ocasiões, tendo havido apenas dois empates. O Corinthians marcou 25 gols e sofreu 29, o que significou um saldo negativo de quatro gols. Dos 19 jogos, apenas três aconteceram em amistosos; os demais foram válidos pelo campeonato paulista. Os empates foram os seguintes: 3 a 3 no dia 3 de agosto de 1919 no Estádio da Ponte Grande e 0 a 0 em 7 de agosto de 1921 no Estádio Parque Antarctica. A primeira partida entre eles aconteceu no dia 29 de junho de 1917 no Parque Antarctica com vitória de 2 a 1 para o Paulistano; o último confronto ocorreu em 26 de junho de 1927 no Estádio Jardim América[24]. Além do Estádio Parque Antarctica, e do Estádio Jardim América, Corinthians e Club Athletico Paulistano

---

[24] O Estádio Jardim América ficava no mesmo lugar onde atualmente está a sede do Club Athletico Paulistano. Foi inaugurado no fim de 1917. Quando o Paulistano, defensor, como se disse anteriormente, do amadorismo e do elitismo no futebol, desistiu de concorrer com a Associação Paulista de Esportes Atléticos (APEA), acabou extinguindo o seu departamento de futebol, em 1929. Com isso, o campo deixou de ser usado para disputa do Campeonato Paulista. O estádio acabou demolido em 1950.

se enfrentaram também no Estádio da Ponte Grande e na Chácara da Floresta.

As maiores goleadas do Paulistano frente ao Corinthians foram 4 a 2 no dia 4 de julho de 1920 na Ponte Grande; o citado 4 a 1 em 21 de dezembro de 1919 no Estádio Jardim América; 3 a 1 no dia 19 de agosto de 1917 no Parque Antarctica; e 3 a 0 em 29 de maio de 1924 na Chácara da Floresta. Já as maiores goleadas do Corinthians frente ao Paulistano foram 3 a 1 no dia 14 de novembro de 1920 no Jardim América; 2 a 0 em 27 de novembro de 1921, num confronto também realizado no Estádio Jardim América; e 2 a 0 no dia 4 de fevereiro de 1923, válido pelo campeonato paulista de 1922, em jogo disputado na Chácara da Floresta.

Na obra *Cego é aquele que só vê a bola*, João Paulo França Streapco esclarece que o Parque Antarctica

> foi construído pela Companhia Antarctica Paulista e possuía área de 300 mil metros quadrados, com jardins planejados, passeios, lagos, espaços para piquenique, parques infantis, pistas de atletismo, quadras de tênis e campos de futebol, um dos quais era utilizado pelo Sport Club Germânia. Foi no Parque Antarctica, em 1902, no dia 3 de maio que foi disputada a primeira partida da história dos campeonatos paulistas, com a vitória do Mackenzie sobre o Germânia por 2 a 1. Foi somente em 1916, com a ajuda das Indústrias Matarazzo e de seus funcionários, que o Palestra Itália, atual Palmeiras, começou a realizar seus jogos como mandante. Em 1920, depois da ruptura do contrato entre o Germânia e a Companhia Antarctica Paulista, que o Palestra Itália comprou o Parque Antarctica por 500 contos de réis. Até meados dos anos 1950, o Parque Antarctica era considerado a melhor praça de esportes particular da cidade, lembrando que o Estádio do Pacaembu é Municipal e o Morumbi só seria inaugurado de forma parcial em 1960. Apenas em 1958 a sede do Palmeiras teve seu nome alterado para Stadium Palestra Itália.[25]

Desde 2014, anote-se, o estádio é chamado Allianz Parque.

O São Paulo Futebol Clube, herdeiro da estrutura de dois clubes tradicionais, Associação Atlética das Palmeiras e Club Athletico Paulistano atrairia, também, como torcedores, os admiradores de futebol que antes torciam pelas agremiações formadas pela elite paulista, as quais, porém,

---
[25] Ver STREAPCO, 2016, p. 29-31.

deixaram de atuar no futebol após a profissionalização desse esporte. Com tal movimento, os torcedores dos times rivais passaram a perceber os torcedores do novo clube como integrantes da elite paulista. Na época em que a agremiação adquiriu o terreno para construção de seu atual estádio, nos anos 1950, o bairro do Morumbi era uma região pouco habitada. No entanto, com o crescimento da cidade, transformou-se em uma área de luxuosas residências e prédios que, no jargão imobiliário, são classificados como de alto padrão. Além das luxuosas residências, o Morumbi é onde se localiza o Palácio dos Bandeirantes, sede do governo paulista.

 O São Paulo não pode ser considerado apenas como um "clube de elite" porque desde seu início demonstrou ser democrático, pois aceitava de modo irrestrito jogadores de qualquer etnia, classe social ou origem. Outro motivo para o São Paulo não ser chamado de clube de elite foi ter ganhado, em 1940, um concurso público aberto a todos os torcedores pelo Departamento Estadual de Imprensa e Propaganda (DEIP) e ser considerado o Clube Mais Querido da Cidade – teve ao todo 5523 votos, enquanto o Corinthians alcançou 2671 e o Palestra Itália, atual Palmeiras, 2593 votos. Hoje em dia o São Paulo tem a terceira maior torcida do Brasil, ou seja, é, de fato, um clube popular.

 O alfaiate Miguel Battaglia, eleito primeiro presidente da história do Corinthians em sua pioneira reunião afirmou: "O Corinthians vai ser o time do povo e o povo é quem vai fazer o time".

 Quem seria o povo? Escreve João Paulo França Streapco:

> O Corinthians não foi o único time adotado pelas comunidades pobres, mas, por ser o maior time da cidade sem vínculo direto com a comunidade ítalo-paulista ou o consulado italiano, além de, por algum tempo, ter contado com dirigentes de origem espanhola, ou de origem suíça, que gozavam da simpatia dos filhos de outras comunidades imigrantes que não lograram construir uma equipe de colônia e possuir uma identidade de clube de operários, conseguiu estabelecer uma identificação mais fácil com essas parcelas da população.[26]

Segundo o historiador Hilário Franco Júnior, no seu *Dando tratos à bola: ensaios sobre futebol*:

---

[26] Ver STREAPCO, 2016, p. 199.

Com o Corinthians e seus 25 milhões de torcedores, a multiplicidade de origem é muito clara, o que ajuda a explicar a sua popularidade. Clube de imigrantes – italianos, espanhóis, portugueses, alemães, judeus, sírios, libaneses, árabes, turcos –, ele é mestiço como o país. Pela inércia da transmissão do sentimento clubístico, ainda hoje os descendentes daqueles segmentos sociais, perfeitamente abrasileirados e integrados, continuam de forma geral a seguir o clube. Quando na década de 1930 começou uma forte imigração de nordestinos em busca de emprego na indústria e na construção civil paulistas, a tendência foi aqueles indivíduos socialmente inferiorizados e culturalmente desenraizados identificarem-se com outros na mesma situação, apesar de origens bem diferentes, e assim foi natural sua adesão ao Corinthians. [...] A composição social muito variada da torcida corintiana reflete-se também na sua cultura. Como o conjunto de torcedores é bastante vasto, muitos são os intelectuais, os cientistas, os artistas, os jornalistas, os empresários e os profissionais liberais que torcem pelo time. [...] As crises cíclicas na história do clube (algumas vezes flertando com a ilegalidade) não devem, porém, ser reduzidas a uma questão de presidentes. Com efeito, o que constitui a força e a fraqueza do Corinthians é a popularidade. [...] É consensual que, em quase todo assunto, as generalizações são problemáticas, mas não se pode deixar de reconhecer que, sob os exageros e as deformações, elas escondem algumas verdades. No caso do Corinthians, comunidade com milhões de participantes, as exceções a qualquer regra são numerosas, sem anular, contudo, as características essenciais do conjunto – a popularidade pela mediocridade e a impunidade pela popularidade. [...] Como se sabe, a palavra "mediocridade" designa, em todos os idiomas ocidentais, uma condição entre o mediano (acepção literal) e o insuficiente (acepção figurada). Assim, é a facilidade, a banalidade, a qualidade inferior acessível a um maior número de pessoas que tornam populares as coisas medíocres, seja a literatura de best-sellers, seja a música de fórmulas comerciais, certos programas de televisão ou o discurso de muitos políticos. Enquanto fenômeno sociocultural, o Corinthians é uma ilustração dessas considerações, mesmo se no plano esportivo ele se encontra claramente acima da média. Mas – e isso é muito significativo – porque o Corinthians "não é um time que tem torcida, é torcida que tem um time", como gostam de dizer seus torcedores, ele sempre foi historicamente medíocre, mesmo quando vencedor. À imagem e semelhança da torcida, o time raramente privilegia um jogo habilidoso e estético, e sim raçudo e astucioso.[27]

---

[27] São Paulo: Companhia das Letras, 2017. p. 227, 231, 234-238.

"O TIME DO POVO"

Em um texto esclarecedor, o site Ludopédio (ludopédio.org.br) se debruça sobre essa expressão. Depois de sublinhar que não se trata de um "conceito" que diga respeito somente ao esporte no Brasil, analisa:

> O futebol traz consigo a dualidade entre time de elite e times de classes menos favorecidas financeiramente, o que antes era os times de clube social versus times de fábrica, trabalhadores, imigrantes, hoje pode ser visto em rivalidades no mundo todo, clássicos que trazem consigo marcantes oposições sociais, River Plate x Boca Juniors na Argentina e muitos outros passíveis de citação. O que importa aqui não é uma investigação histórica se há de fato uma distinção apropriada em tais construções, seria uma empreitada cansativa que não caberia no presente espaço. A questão que é chamada à atenção aqui é que, independente de tais origens, alguns clubes constroem sua identidade em torno de sua origem operária ou o inverso, e algumas que não se relacionam diretamente a ela. Giulianotti (2002, p. 55), por exemplo, afirma que o futebol moderno possui três formas fundamentais de identificação social: nação, localidade e classe. Desta maneira, a presente reflexão não se interessa pelo fato de, por exemplo, o Corinthians ser um time originalmente do "povo" e o São Paulo ser um time de "elite", cabe aqui compreender que os alvinegros usam tal noção em sua construção identitária e o tricolor paulista da mesma forma.

Entende-se aqui que há clubes, em todo o mundo, que se colocam como "time do povo". Por conta disso, há uma necessária pergunta inicial que raramente é feita: o que é um povo? A questão, certamente, é complexa. O site prossegue:

> Existem múltiplas formas de buscar respondê-la; optou-se por buscar, na tentativa de compreender, a utilização de povo na perspectiva de sua utilização política e social. Partindo de tal princípio, a utilização de povo no léxico político ocidental desde o Estado Romano até nossos dias, como demonstra Paolo Colliva (1998, p. 986-987), sendo que na Roma clássica, o populus é um dos pilares do Estado. Assim, o povo participou das organizações barbarescas que levaram ao fim do Império Romano. Tendo o povo germânico organização de cunho verdadeiramente popular, com estruturas tribais onde estava mal definido o papel e até mesmo o título do poder,

elas se baseavam exclusivamente no consenso ativo e na plena e marcante presença do povo nas decisões da guerra e da paz, ao legislar e ao julgar (COLLIVA, 1998, p. 986-987). O povo continuou presente no mundo político e social, mesmo ocorrendo no Feudalismo uma estratificação social. Com o ressurgimento das cidades, nasceu assim um instrumento político que as fontes definem com o nome romano de Populus. No século XVII, em Paris, povo remete tanto a uma categoria sociológica – artesãos, trabalhadores diaristas, empregados domésticos, além dos mendigos e vagabundos; como uma categoria topográfica – os que vivem em certos bairros. Ponto importante em sua argumentação é que ele defende que a partir de 1789 o povo passa a ser entendido como um ator político. A partir de 1789 há um povo no plural, um termo que passa a ser polissêmico, podendo designar vários tipos de pessoas, que, por fim, assume um significado simbólico. Desde então, povo não significa mais multidão, é transformado em uma categoria política. Com isso, os usos do povo passam a ser diversos e variados, como destacam Émilie Goin e François Provenzano em seu livro *Usages du peuple* (2017). Para os autores (p. 7-10), mesmo com uma negligência de estudos sobre o povo em Ciências Sociais no fim do século XX, o termo povo e seus derivados continuam a inspirar vários setores do discurso social e evocar todo um imaginário. Na prática, o termo povo continua sendo um poderoso instrumento ideológico de categorização social.

No mesmo livro, Alain Badiou (2013, p. 9) defende que é o adjetivo identitário ou nacional que dá um tom de desconfiança para "povo". Na sequência, o autor dá alguns exemplos, tal como no período imperial/colonial quando houve uma apropriação de povo para se referir aos poderosos, sendo que para os que não participavam do "povo" eram conferidas expressões como "selvagens", "tribos" ou grupos étnicos, existindo então o "povo francês", "povo inglês" dentre outros, por outro lado, "povo argelino" não. De forma sintomática, a era das guerras de libertações nacionais santificou "povo + adjetivo nacional", na medida em que exigiam muitas vezes uma luta armada; aqui, o "povo argelino" passa a existir.

Na prática, o que se tem é uma persistência de um "povo verdadeiro", que exclui necessariamente outros grupos, que não podem participar do "povo" naquele momento.

O estudo segue na discussão do termo, reafirmando a possibilidade de se encará-lo de forma diversa. Depois disso, volta a focar seu tema central:

> Os "times do povo" continuarão a existir mesmo que o "povo" seja expulso dos estádios. Quer dizer, os times continuarão usando o slogan mesmo que se distanciem dos mais pobres. Afinal, quem tomou a Bastilha foi o povo. Mesmo o evento contendo grupos sociais diversos e mesmo que os participantes não tenham sido a maioria da população parisiense, o povo foi quem tomou a Bastilha. Povo é algo mutável e de utilizações diversas. Quando se fala "time do povo", quem o utiliza sabe do apelo que a expressão tem. Mas por conta da maleabilidade do termo povo, cuidado! Times que usam o slogan podem não necessariamente valorizar os torcedores "populares" e quem não se vê como "time do povo" hoje pode utilizar a expressão amanhã.

O alerta é providencial, sobretudo considerando aspectos igualmente mutáveis como o desempenho dos escretes em competições de peso, especialmente nacionais – o que pode levar um clube "de elite", em todos os sentidos do termo, a cair para divisões inferiores e, dessa maneira, estar sujeito a abalos no âmbito do engajamento de torcedores, patrocinadores etc. O contrário, por sua vez, também é verdadeiro – em algum momento, o "povo", ou seja, a agremiação que, em tese, o representa, pode, de fato "chegar ao poder", digamos desse modo, alterando todo o equilíbrio de forças antes existentes, com distintas consequências.

O MAJESTOSO AO LONGO DA HISTÓRIA

Como foi dito antes, Corinthians e São Paulo já tinham, de certa maneira, se encontrado nas primeiras duas décadas do século passado. Contudo, é possível determinar a origem da rivalidade propriamente dita entre os dois times logo que se iniciaram os confrontos – o primeiro foi em 1930, como detalharemos adiante, com vitória corintiana.

Lance do primeiro jogo na história entre Corinthians e São Paulo, realizado em 1930. Foto por Nicole Mingoranci.

Páginas da cobertura de A Gazeta Esportiva *da maior goleada da história do São Paulo contra o Corinthians, em 1933. Foto por Nicole Mingoranci.*

hontem, ao Corinthians -- 6 a 1 foi a contagem

o; um encaixe de José; um tiro de Waldemar que passa por Jahu' e Onça segura; uma fulminante esca
 e Zuza invadem a área, mas Raffa salva a situação pondo a escanteio; Brito, Guimarães e Carlos; e,

(Photo-Material Cappelli)

Naquela mesma década, o São Paulo aplicou sua maior goleada no adversário: um 6 a 1, com três gols de Luizinho, um de Waldemar de Brito, um de Armandinho e um de Hércules para o Tricolor, com Zuza marcando o tento corintiano, em jogo realizado precisamente no ano de 1933, que valeu por dois campeonatos, o Paulista e o Torneio Rio-São Paulo.

Na disputa pelo campeonato paulista de 1931, o São Paulo já havia vencido a sua primeira partida contra o Corinthians, em jogo que lhe deu o título estadual: 4 a 1, com dois gols de Armandinho, Araken Patusca e Friedenreich contra 1 tento de Guimarães para o Corinthians, em pleno Estádio Parque São Jorge, em partida realizada em 1932, no dia 10 de janeiro.

Antes dessa vitória, o São Paulo tinha perdido o confronto inaugural da rivalidade, como foi dito antes, além de ter conseguido dois empates, um por 1 a 1 e o outro por 2 a 2.

Em 2020, portanto, o clássico entre São Paulo e Corinthians completou 90 anos de história. Lembremos agora como foi o primeiro confronto entre os dois. Ele ocorreu no distante 25 de maio de 1930, um domingo, em jogo válido pelo campeonato paulista.

O Tricolor entrou em campo com a seguinte escalação: Nestor, Clodô, Barthô, Milton, Bino, Armiñana, Luizinho, Siriri, Friedenreich, Seixas e Romeu. O treinador do São Paulo era o já mencionado Rubens Salles. Quanto ao Corinthians, formou com Tuffy, Grané, Del Debbio, Nerino, Guimarães, Munhoz, Filó, Neco, Gambinha, Rato e De Maria. O técnico era Virgilio Montarini.

O que interessava era que ambos os clubes estavam invictos, embora o São Paulo amargasse uma considerável desvantagem na tabela, graças aos seus cinco empates até ali, enquanto o rival exibia um aproveitamento de 100% nos confrontos. Isso era o que importava àquela altura e não que o clássico pudesse entrar para a história, opondo as duas maiores torcidas do estado.

Atualmente, o Corinthians tem a segunda maior torcida do Brasil e a primeira do estado de São Paulo e o São Paulo, como se disse, vem logo em seguida, em terceiro lugar no país e segundo no estado. Como bem assinala o historiador Hilário Franco Júnior no seu *A dança dos deuses: Futebol, sociedade, cultura*:

> Seguir determinado clube é acreditar, mesmo contra as evidências racionais, que ele vá vencer. Como o futebol é jogo de muitos erros (sessenta passes errados numa partida é algo comum no Brasil) e pouca pontuação (mais de três gols em uma partida não é frequente), mantém o torcedor em constante expectativa. [...]. É significativo em português o uso da palavra "torcer" para designar o ato de manifestar adesão entusiasmada à trajetória esportiva de um clube. Conta-se que a origem da acepção futebolística do termo vem do hábito de moças simpatizantes do Fluminense contorcerem durante as partidas pequenas fitas roxas, semelhantes às usadas na cintura pelo goleiro do clube nos anos 1914-22, Marcos Carneiro de Mendonça (1894-1988). De toda forma, uma das acepções dicionarizadas de "torcer" é "desvirtuar o significado ou a proporção real de algo". No mundo do futebol, é interpretar os fatos segundo a emoção. Torcer é sempre distorcer, portanto. E não apenas o presente, a partida que se tem diante dos olhos, no estádio ou na televisão. É também adulterar o passado.[28]

Essa espécie de "naturalidade" em "adulterar o passado" é verificável na figura do torcedor – que, tal como o próprio termo sugere, assume o papel social de alguém que, por sua própria natureza, irá "torcer" ("distorcer") os fatos.

Não importa a divisão em que o clube esteja, o torcedor irá sempre apoiar. Se se perguntar para qualquer torcedor que gosta de futebol, a grande maioria irá falar que é mais apaixonada por seu clube do que pela seleção do seu país, uma paixão que nasceu na infância e que inspirou um dito famoso: "O homem troca de casa, troca de carro, troca de religião. Troca de mulher e até de sexo. Mas jamais troca de time".

Se, na ocasião do primeiro duelo, jamais poderia estar no horizonte que o encontro entre Corinthians e São Paulo pudesse ganhar o status de "clássico", tampouco seria possível imaginar o apelido que lhe daria fama: Majestoso. Como esclarecido anteriormente, foi jornalista italiano Thomaz Mazzoni o autor da proeza. Fez isso no ano de 1942, depois que 70 281 pessoas lotaram o Pacaembu para ver um empate em 3 a 3 entre os dois times na estreia de Leônidas da Silva no time tricolor.

---

[28] Ver FRANCO JÚNIOR, Hilário. *A dança dos deuses*: futebol, cultura, sociedade. São Paulo: Companhia das Letras, 2007. p. 292.

Voltando, após essa digressão, ao jogo inaugural entre os dois clubes, o primeiro gol da história do clássico foi marcado no primeiro tempo pelo corintiano Gambinha, entretanto o segundo tento saiu menos de um minuto depois, dessa vez para o lado são-paulino, marcado por Siriri, com participação de Friedenreich. Todavia, no segundo tempo, Filó deu a vitória ao Corinthians. Seixas chegou a empatar novamente a peleja, mas seu gol foi anulado por impedimento. "Não entraremos na análise da decisão", escreveu o *Correio Paulistano*. "Não estamos habituados a isso. Apenas notaremos que não houve reclamações de certa ordem, o que faz pressupor a rigorosa observância daquele fundamento." O jornal, porém, teceu críticas ao árbitro Duílio Ranieri por outro motivo: "Esse foi um moço que teve seus altos e baixos. Foi rigoroso demais na marcação de faltas involuntárias, punindo, de preferência, o São Paulo. Mas nem todos os árbitros podem ser impecáveis. Este teve falhas, mas sem grande vulto.". Segundo o *Correio Paulistano*, tanto Corinthians como São Paulo

> foram dois gigantes, maciços e admiráveis, ostentando prodigiosa organização que lhes imprimiu o feitio vitalmente significativo da sensacional jornada. E dela, pode-se dizer, não houve vencidos e nem vencedores. A circunstância de ter tido o Corinthians um ponto a mais do que o adversário, na contagem numérica de tentos, não expressa jogo melhor ou mais cuidado. Nada disso: significa, apenas, um lance de melhor sorte, que, como sorriu aos campeões de São Paulo, poderia ter também sorrido para os seus adversários. Porque da luta, tanto um como outro foram triumphadores, desse triumpho memorável que demarcará com traços indeléveis de um relevo fulgurante, magnífico!
> E, coisa ainda notável, nada se registrou de anormal. Isso, contrariou à nossa expectativa. Não pensávamos que em um choque violento e Irresistível como o de anteontem saíssem os espectadores da praça de esportes do Parque São Jorge, sem um incidente, desses tão comuns no futebol de hoje.
> Mas, nada disso se deu, o que, sobremodo, imprimiu para a reunião esportiva aquele formidável encanto de que já constatámos. Por isso nossos parabéns à Apea, ao Corinthians, e ao São Paulo, as três notáveis instituições do "association" paulista, que souberam, com tanta galhardia, elevar às altas culminâncias o aureolado renome

do nosso prestígio no esporte que com mais ardor e intensidade cultivamos.

Se o primeiro Majestoso da história não deu alegria para a torcida tricolor, muitos outros a trariam nos anos e décadas seguintes.

Vale lembrar que, naquela derrota inaugural, Friedenreich já tinha enfrentado o Corinthians quando era atleta do Club Athletico Paulistano, tendo inclusive marcado dois gols na partida que deu o título ao Paulistano no campeonato paulista de 1919. Friedenreich foi o "Pelé" dos anos 1920, sendo importantíssimo não só para o Paulistano como também para a seleção brasileira, tendo marcado, repita-se, o gol do título para o Brasil na vitória de 1 a 0 contra o Uruguai em 1919 válido pelo Campeonato Sul-Americano de Seleções, atual Copa América. No mesmo elenco do Brasil em 1919, estava Neco, o primeiro grande ídolo da história do Corinthians. Friedenreich foi nove vezes artilheiro do Campeonato Paulista, sendo uma pelo Mackenzie no ano de 1912, duas vezes pelo Ypiranga nos anos de 1914 e 1917 e seis pelo Paulistano nos anos de 1918, 1919, 1921, 1927, 1928 e 1929. Havia uma lenda de que Friedenreich teria marcado 1329 gols na sua carreira, feito que, sendo verdadeiro, o faria superar Pelé. No entanto, foi comprovado que marcou em torno de 560 gols. De todo modo, sua média de tentos marcados superaria a do "Rei".

Já Anfilogino Guarisi (1905-1974), ou Filó, como ficou conhecido, que foi o autor do gol da vitória do Corinthians no primeiro encontro da equipe contra o São Paulo, se tornaria, em 1934, o primeiro brasileiro campeão mundial de futebol, ao se naturalizar italiano quando foi jogar pela Lazio (sua mãe era italiana). Com o nome de Guarisi, Filó só atuou em uma partida naquela Copa do Mundo realizada na Itália. Foi na estreia do time da casa. O resultado foi 7 a 1 para a Itália contra os Estados Unidos. O jogo foi realizado no Estádio Nacional em Roma. Tanto Filó como Friedenreich ficaram fora da lista de convocados da seleção brasileira na Copa do Mundo de 1930 por jogarem em times de São Paulo – uma desavença entre as ligas paulista e carioca fez com que só atletas que jogavam em clubes do Rio de Janeiro fossem convocados para a competição. Uma curiosidade: antes de defender o Corinthians, Filó atuou no Paulistano e foi companheiro de Friedenreich.

O último confronto do São Paulo antes da fusão com o Clube de Regatas Tietê, em maio de 1935, foi justamente uma vitória sobre o Corinthians por 3 a 1, no Estádio Parque São Jorge[29]. O último gol do São Paulo nessa sua primeira fase foi marcado pelo meia Vega sobre o goleiro corintiano José. Decorreram cerca de apenas dois meses desse jogo para que o Tricolor se unisse ao Tietê.

Fundado em 1910, o Corinthians, até o primeiro jogo da história contra o São Paulo, já tinha conquistado os títulos paulistas de 1914, 1916, 1922, 1923, 1924, 1928 e 1929. Como falamos anteriormente, o primeiro confronto entre os dois times foi em 1930, válido pelo campeonato paulista, título vencido então pelo Corinthians – era o oitavo de sua trajetória e o terceiro de modo consecutivo.

1930-1940

Segundo dados do site oficial do São Paulo Futebol Clube (www.saopaulofc.net) e do *Almanaque do Timão*, nos anos 1930 aconteceram 32 jogos entre o Tricolor e o Corinthians, sendo 12 amistosos; dois pelo Torneio Extra em 1934; um pelo Troféu Fasanello em 1938; três pelo Torneio Rio-São Paulo (duas partidas em 1933 e uma em 1940); e 17 pelo Campeonato Paulista entre 1930 e 1940. Isso sem contar um jogo pelo Torneio Início[30], em 1940, com vitória do São Paulo por 2 a 0.

Os estádios utilizados nesse período foram o Parque São Jorge, Chácara da Floresta, Parque Antarctica, Antônio Alonso, na Rua

---

[29] O Estádio Alfredo Schürig, mais conhecido por Parque São Jorge, foi inaugurado no dia 22 de julho de 1928, com um empate em 2 a 2 no amistoso entre Corinthians e America, do Rio de Janeiro. Naquele ano, o Corinthians ganhou o campeonato paulista. Durante a primeira metade do século XX, o Corinthians mandava seus jogos no Parque. Atualmente, o estádio tem capacidade para 16 mil pessoas. Hoje, ele é mais utilizado pelas categorias de base, além das equipes de futebol feminino e do time de futebol americano.

[30] O Torneio Início do Campeonato Paulista era uma disputa preliminar do certame principal, em que todas as pelejas eram realizadas no mesmo dia, com cada partida durando 30 ou 40 minutos. No caso de empate em gols, o critério de desempate era o número de escanteios obtidos.

Registro em A Gazeta Esportiva *da primeira vez em que os dois times se enfrentaram numa decisão, no ano de 1939. Foto por Nicole Mingoranci.*

da Mooca – que pertencia na época ao Tricolor, graças à união do Estudantes de São Paulo, fundado em 1935, com o Clube Atlético Paulista criado em 1934, que se chamava então Antarctica Futebol Clube; da fusão nasceria, em 1937, o Estudantes Paulista, depois incorporado ao São Paulo – e no Pacaembu (inaugurado no dia 27 de abril de 1940).

Naquela década, o São Paulo ganhou 11 jogos, o Corinthians venceu 14 e aconteceram sete empates. No período, o Tricolor só ganhou o Campeonato Paulista de 1931, enquanto o Corinthians venceu, repita-se, em 1937, 1938 (invicto) e 1939.

Entre 1932 e 1934, o São Paulo ganhou 6 jogos consecutivos contra o Corinthians.

Fora as partidas já citadas que aconteceram naquela década, vale menção o empate por 1 a 1 no Parque São Jorge. Ele começou no dia 23 de abril de 1939, válido pelo campeonato paulista de 1938, e só terminou em 25 de abril – o jogo foi suspenso por causa de uma pesada chuva que caiu em São Paulo. Foi a primeira vez que os dois times se enfrentaram num jogo que poderia dar título para um dos clubes.

O São Paulo entrou assim em campo: Pedrosa, Agostinho, Iracino, Fiorotti, Damasco, Felipelli, Mendes, Armandinho, Elyseo, Araken Patusca e Paulo. O técnico era Ignácio Amsel. O Corinthians jogou com Barchetta, Jango, Carlos, Sebastião, Brandão, Tião, Lopes, Servílio, Teleco, Carlito e Carlinhos. O treinador era Armando Del Debbio, que havia encarado o São Paulo como jogador na primeira partida da história do time disputada contra o Corinthians, em 1930. Segundo consta no livro *A história do campeonato paulista*: 1902-1996:

> O Corinthians precisava apenas de um empate para garantir o bicampeonato paulista. O São Paulo precisava vencer para forçar um jogo-desempate. O São Paulo abriu o placar no segundo minuto de jogo, por meio do atacante Mendes, mas a chuva levou à interrupção do jogo aos 21 minutos. Os minutos restantes foram jogados dois dias depois. O Corinthians empatou a partida com um dos gols mais polêmicos da história do futebol paulista. O atacante Lopes cruzou da direita, e o goleiro Roberto Gomes Pedrosa rebateu. Da entrada da área, o atacante Servílio chutou

torto, mas o meia-esquerda Carlito "O Turco" desviou a bola para o gol. Com a cabeça... ou com a mão? Muitos cronistas da época afirmaram que foi com a mão.[31]

Se existisse o árbitro de vídeo naquela época talvez esse gol fosse anulado e o resultado do jogo poderia ser outro. Com o tento validado pelo árbitro Tomás dos Reis Cardoso de Almeida, o Corinthians se sagrou campeão paulista em 1938.

Os grandes destaques do São Paulo na década de 1930 foram:

* Friedenreich, de quem já se falou aqui;
* Luizinho Mesquita de Oliveira (1911-1983), campeão paulista pelo Paulistano em 1929, pelo Tricolor em 1931, 1943, 1945 e 1946 e pelo Palestra Itália em 1936 e 1940. Foi convocado para as Copas do Mundo de 1934 e 1938;
* Waldemar de Brito (1913-1979), que, além de ter sido o descobridor de Pelé quando treinava o Bauru Atlético Clube e haver levado Pelé para jogar no Santos, foi o primeiro artilheiro do São Paulo num campeonato – o paulista de 1933 –, com 21 gols. Waldemar também foi convocado para jogar a Copa do Mundo de 1934;
* Roberto Gomes Pedrosa (1913-1954), que, depois de ter sido goleiro do São Paulo e do Botafogo, foi igualmente selecionado para atuar na Copa de 1934, virando mais tarde dirigente esportivo e presidindo a Federação Paulista de Futebol (FPF) de 1947 a 1954. Em 1967 recebeu uma histórica homenagem: criou-se o Torneio Roberto Gomes Pedrosa, o Robertão, atualmente reconhecido como Campeonato Brasileiro. Roberto Gomes Pedrosa é também o nome da praça que está em frente ao Estádio do Morumbi, casa do São Paulo Futebol Clube;
* King, nascido em 1917, jogou no São Paulo de 1936 a 1937 e de 1939 a 1947, tendo sido campeão paulista em 1943 e 1945. Foi o primeiro goleiro negro a atuar em um grande clube paulista. Notabilizou-se ainda por ter sido o inventor da "ponte", um estilo de defesa no qual dava um salto lateral, com os braços esticados acima da cabeça, para buscar as bolas chutadas no

---
[31] Ver FONTENELLE; STORTI, 1997.

alto. Estreou pelo Tricolor no primeiro jogo após a refundação do clube, em janeiro de 1936, na vitória por 3 a 2 contra a Portuguesa Santista. O apelido de King teria sido dado porque ele geralmente segurava a bola no alto só com uma das mãos, como o gorila do filme *King Kong* (1933) – dirigido por Merian C. Cooper e Ernest B. Schoedsack – fazia com os aviões que o atacavam.

Quanto aos destaques do Corinthians na década de 1930 foram estes:
* Filó, cuja trajetória foi tratada anteriormente;
* Brandão (1910-1989), que foi campeão paulista pelo time em 1937, 1938 e 1939;
* Servílio (1915-1984), que, além de ter sido campeão paulista pelo clube em 1938, 1939 e 1941, consagrou-se também como um dos maiores artilheiros da história da agremiação, com 200 tentos marcados. Ganhou o apelido de "Bailarino" devido à elegância no seu modo de atuar;
* Teleco (1913-2000), irmão do King e terceiro maior artilheiro da história do Corinthians: alcançou a melhor média de gols do time em todos os tempos, com 1,028 por jogo, sendo 257 em 250 partidas. Foi campeão paulista nos anos de 1937, 1938, 1939 e 1941, sendo cinco vezes artilheiro do certame, três de modo consecutivo (1935, 1936 e 1937). Quando terminou a carreira de jogador, se tornou funcionário da agremiação, cuidando da sala de troféus do clube entre 1967 e 1991. Possui um busto em sua homenagem no Parque São Jorge.

1941-1950

Entre 1941 e 1950, ocorreram 33 jogos entre São Paulo e Corinthians, sendo três amistosos; um pelo Torneio Quinela de Ouro[32]; sete pela

---

[32] Quinela de Ouro, realizado em 1942, foi um torneio entre paulistas e cariocas numa espécie de Rio-São Paulo não oficial. Cinco clubes participaram, sendo três do estado de São Paulo (Corinthians, Palestra Itália e São Paulo) e dois do Rio de Janeiro (Flamengo e Fluminense). Todos os confrontos foram disputados no Estádio do Pacaembu, em São Paulo, tendo o Corinthians se sagrado campeão.

Taça Cidade de São Paulo[33]; um pelo Torneio Rio-São Paulo; um pelo Torneio Quadrangular Prefeito Lineu Prestes[34] e 20 pelo Campeonato Paulista. Os estádios utilizados nesse período foram o Parque São Jorge, em apenas um jogo, e o Pacaembu, onde aconteceram todos os outros jogos.

No período, o São Paulo ganhou 15 jogos, o Corinthians venceu 10 e aconteceram 8 empates. Naquela década, o Corinthians ganhou o Campeonato Paulista de 1941, com o São Paulo sendo vice-campeão, e o Torneio Rio-São Paulo de 1950. Já o São Paulo venceu cinco vezes o Paulista, nos anos de 1943, 1945, 1946 (de maneira invicta), com o Corinthians sendo vice-campeão nos três anos, 1948 e 1949. A propósito, o escrete da década de 1940 do São Paulo ficou conhecido como o time Rolo Compressor, porque venceu cinco títulos paulistas num período de sete anos. Se tivesse conquistado o Campeonato de 1947 teria sido um pentacampeonato com vitórias em anos consecutivos. Foi nos anos 1940, em 1944 para ser mais exato, que o São Paulo goleou o Santos por 9 a 1 e em 1945 fez o maior placar da sua história: 12 a 1 diante do Jabaquara. Na década de 1940, vale pontuar, o São Paulo deixou de ser um time pequeno para ser grande no estado. O responsável por isso foi Leônidas da Silva.

Durante os anos 1940, São Paulo e Corinthians realizaram pelejas com vários gols, como o empate por 4 a 4 no dia 14 de março de 1945, e goleadas como 4 a 0 em 15 de outubro de 1944 e 5 a 1 no dia 1º de janeiro de 1946 (para o São Paulo), e 5 a 1 em 16 de abril de 1947 e 4 a 1 no dia 28 de dezembro de 1949 (a favor do Corinthians). Mas talvez o jogo mais importante daquela década tenha sido o empate por 3 a 3 no dia 24 de maio de 1942.

---

[33] A Taça Cidade de São Paulo, mais conhecida como Taça São Paulo, foi criada pela Federação Paulista de Futebol em 1942 para determinar um campeão entre as maiores agremiações –, no caso Corinthians, Palestra Itália/Palmeiras, São Paulo, Portuguesa e Santos. A competição durou de 1942 a 1952, tendo o Corinthians sido campeão nos anos de 1942, 1943, 1947, 1948 e 1952; o Palmeiras ganhou em 1945, 1946, 1950 e 1951; o São Paulo venceu a edição de 1944 e o Santos a de 1949.

[34] O Torneio Quadrangular Prefeito Lineu Prestes aconteceu em 1950 no Estádio do Pacaembu. Participaram Corinthians, Palmeiras, Portuguesa e São Paulo. A fórmula de disputa era todos contra todos; o que fizesse mais pontos seria o campeão. O São Paulo acabou vencendo o torneio.

Realizado em 1942 com o maior público da história do Pacaembu, o jogo que fez o jornalista Thomaz Mazzoni cunhar a expressão "Majestoso" para definir o clássico marcou também a estreia de Leônidas com a camisa são-paulina. Foto por Nicole Mingoranci

majestoso!

Isso porque, conforme já assinalado anteriormente, foi a partida de estreia de Leônidas da Silva pela equipe são-paulina, o jogo até os dias de hoje que teve mais torcida presente no estádio do Pacaembu – mais de 70 mil pessoas – e, claro, porque foi daquele confronto que o jornalista italiano Thomaz Mazzoni apelidou o clássico de Majestoso. O São Paulo atuou com os seguintes jogadores: Doutor, Fiorotti, Virgílio, Zaclis, Lola e Silva; Luizinho, Waldemar de Brito, Leônidas da Silva, Teixeirinha e Pardal. No comando do Tricolor estava Vicente Feola, recordista como membro da comissão técnica do clube com 555 jogos e futuro treinador da seleção brasileira campeã mundial, em 1958. O Corinthians entrou em campo com Joel, Agostinho, Chico Preto, Jango, Brandão, Dino, Jerônimo, Servílio, Milani, Eduardinho e Hércules. O técnico era Rato. Os gols foram marcados por Jerônimo, aos 10 minutos do primeiro tempo, e Servílio aos 3 e aos 43 minutos do segundo tempo (para o Corinthians) e Lola aos 30 minutos do primeiro tempo, Luizinho aos 15 e Teixeirinha aos 36 minutos do segundo tempo (a favor do São Paulo). O árbitro da peleja foi o português Jorge Gomes de Lima, o Joreca, que no ano seguinte, em 1945 e 1946 seria campeão paulista como treinador do São Paulo.

Alguns nomes de destaque do Tricolor na década de 1940 foram:
* Leônidas da Silva (1913-2004), campeão paulista pelo São Paulo em 1943, 1945, 1946, 1948 e 1949. O craque foi convocado para as Copas do Mundo de 1934, marcando o único gol do Brasil naquele mundial na derrota por 3 a 1 para a Espanha, e 1938, sendo nessa última o artilheiro da competição, com sete gols marcados. Seu nome ficou imortalizado, entre outras façanhas, por haver aperfeiçoado a chamada "bicicleta". Por ter executado uma bicicleta incomparável os franceses o apelidaram de "Homem Borracha". Pelo que fez na Copa do Mundo de 1938, a empresa Lacta lançou em sua homenagem um chocolate que até hoje ainda existe e faz sucesso e que leva outro de seus apelidos: Diamante Negro. Antes de jogar pelo São Paulo, Leônidas se consagrou no Flamengo, onde viveu a primeira grande fase da sua carreira, vencendo o campeonato carioca de 1939 depois de 12 anos de jejum do rubro-negro.

Depois que encerrou a carreira, Leônidas foi treinador e comentarista de futebol;

* Teixeirinha (1922-1999), jogou a carreira inteira no São Paulo. Ganhou os campeonatos paulistas de 1943, 1945, 1946, 1948, 1949 e 1953. É o quarto maior artilheiro da história do clube, com 188 gols. É o quinto jogador que mais atuou pela agremiação: 525 jogos. Não teve chances na seleção brasileira porque não houve Copa do Mundo na década de 1940, devido à Segunda Guerra;

* Sastre (1911-1987), meia argentino que vinha de 12 temporadas defendendo o Independiente e era um dos principais nomes da seleção de seu país. Atuou no São Paulo por quatro anos e ganhou três campeonatos paulistas. Até hoje é o recordista de gols num só jogo, tendo marcado seis contra a Portuguesa Santista em 1943 pelo Campeonato Paulista na goleada de 9 a 0;

* Bauer (1925-2007), Ruy (1922-2002) e Noronha (1918-2003), chamados de "Os Três Mosqueteiros". Jogaram juntos no meio-campo tricolor, sendo Bauer o que mais tempo ficou no clube, 12 anos, enquanto Ruy e Noronha ficaram nove. Os três foram convocados para a Copa do Mundo de 1950 no Brasil. Atuaram no empate por 2 a 2 contra a Suíça no Pacaembu, porém só Bauer seria titular da seleção. Foi um dos poucos que saíram ilesos do Maracanã depois da derrota na final para o Uruguai por 2 a 1. Bauer jogaria ainda a Copa de 1954 na Suíça.

No Corinthians da década de 1940 o grande destaque foi, sem dúvida, Domingos da Guia (1912-2000), muito embora tenha ficado só quatro anos no clube, entre 1944 e 1948. Revelado pelo Bangu em 1929 – seu nome é até citado no hino do clube –, atuou depois no Vasco da Gama, no Nacional do Uruguai, onde recebeu o apelido de "Divino Mestre", no Boca Juniors da Argentina, e no Flamengo antes de chegar no Corinthians. Domingos da Guia não jogou a Copa do Mundo de 1934, porque a CBD não pagou ao Nacional do Uruguai o valor de 45 contos de réis para a sua liberação. No entanto, acabaria atuando na Copa do Mundo de 1938 pela seleção brasileira. Domingos da Guia é pai de Ademir da Guia, ídolo do Palmeiras.

1951-1960

Entre 1951 e 1960, ocorreram 44 jogos entre São Paulo e Corinthians, sendo um amistoso; um pelo Torneio Quadrangular de São Paulo realizado em 1952; um pelo Torneio das Missões/Taça Tibiriçá, disputado em 1953; um pelo Torneio Rivadávia Corrêa Meyer[35]; um pela Taça Prefeitura Municipal de São Paulo, em 1953; três pelo Torneio Charles Miller[36]; um pelo Torneio Roberto Gomes Pedrosa em 1956; um pela Copa do Atlântico de Clubes; um pelo Torneio Internacional do Morumbi[37]; dois pelo Torneio Roberto Ugolini[38]; dez pelo Torneio Rio-São Paulo e 21 pelo Campeonato Paulista. Os estádios utilizados naquele período foram o Parque São Jorge (uma partida) e o Pacaembu (todas as demais).

No período, o São Paulo ganhou 14 jogos, o Corinthians venceu 17 e aconteceram 13 empates. Na referida década, o Corinthians ganhou a Pequena Taça do Mundo, em 1953, o Torneio Rio-São Paulo em 1953 e 1954 e o Campeonato Paulista nos anos de 1951, 1952 (com o São Paulo sendo vice-campeão) e 1954. Já o Tricolor ganhou a Pequena Taça do Mundo no ano de 1955 e o Campeonato Paulista em 1953 e 1957.

Durante a década de 1950, os confrontos entre São Paulo e Corinthians foram marcados por pelejas de muitos gols, de que são exemplos o empate por 3 a 3 no dia 25 de julho de 1954 e goleadas como 4 a 0 em 5 de novembro de 1959 (para o São Paulo) e 5 a 1 no dia 16 de abril de 1958 e 4 a 0 em 26 de agosto de 1951 (para o Corinthians).

---

[35] O Torneio Rivadávia Corrêa Meyer, realizado no Rio de Janeiro e em São Paulo em 1953, foi uma competição internacional de natureza intercontinental. É considerado o sucessor da Copa Rio, disputada em 1951 e 1952, com Palmeiras e Fluminense como campeões, respectivamente. Participaram oito clubes, sendo Botafogo, Corinthians, Fluminense, São Paulo e Vasco da Gama os representantes brasileiros. A final foi entre Vasco da Gama e São Paulo, com vitória do time carioca.

[36] O Charles Miller foi um torneio internacional de futebol disputado por seis clubes no Rio de Janeiro e em São Paulo. O campeão foi o Corinthians.

[37] O Torneio Internacional do Morumbi, realizado em 1957, foi uma competição de caráter amistoso, destinada a celebrar a inauguração do estádio do Morumbi, batizado como Cícero Pompeu de Toledo. Foi organizado pelo São Paulo Futebol Clube, que se sagrou campeão.

[38] O Torneio Roberto Ugolini, realizado em 1960, foi organizado pelo Clube Atlético Juventus e teve a participação desse time, da Portuguesa, do Palmeiras, do Corinthians e do São Paulo. O campeão do torneio foi o Palmeiras.

São Paulo e Corinthians decidiram o Torneio da Missões/Taça Tibiriçá em 1953, a Taça Prefeitura Municipal de São Paulo também em 1953 e o Torneio Charles Miller nos anos de 1954 e 1958, tendo apenas o Corinthians como campeão.

Digna de nota foi a vitória do São Paulo por 3 a 1 no dia 29 de dezembro de 1957, resultado que deu ao Tricolor o campeonato paulista daquele ano. Quem vencesse seria o campeão; se houvesse empate, os dois, juntos com o Santos, disputariam um triangular chamado de supercampeonato. O jogo foi realizado no estádio do Pacaembu, na presença de mais de 39 mil pessoas. O São Paulo entrou em campo com a seguinte formação: Poy, De Sordi, Mauro Ramos, Sarará, Vítor, Riberto, Maurinho, Amauri, Gino Orlando, Zizinho e Canhoteiro. O técnico era o húngaro Béla Guttmann, futuro treinador do Benfica de Portugal, bicampeão da Liga dos Campeões da Europa. O Corinthians jogou com: Gylmar dos Santos Neves, Olavo, Oreco, Idário, Walmir, Benedito, Cláudio, Luisinho, Índio, Rafael e Zague. O técnico era Oswaldo Brandão. Os gols foram marcados por Amauri aos 17 minutos, Canhoteiro aos 19 minutos do primeiro tempo e Maurinho aos 34 minutos do segundo tempo (para o São Paulo) e Rafael aos 21 minutos do primeiro tempo (para o Corinthians). Como curiosidade, Mauro Ramos e Gylmar dos Santos Neves jogariam juntos anos depois no Santos e Oswaldo Brandão seria o treinador campeão paulista de 1971 pelo São Paulo. Depois do título paulista em 1957, o São Paulo só voltaria a ser campeão da mesma competição em 1970.

Alguns nomes de destaque do São Paulo na década de 1950:
* José Poy (1926-1996), goleiro argentino que foi campeão paulista pelo São Paulo em 1949, 1953 e 1957. Foi um dos que mais contribuíram para o clube durante a construção do Estádio do Morumbi, ajudando a vender cadeiras cativas. Depois que parou de atuar como jogador, tornou-se treinador do São Paulo, cargo em que conquistou o Campeonato Paulista de 1975. Chegou à final da Copa Libertadores da América em 1974, sendo vice-campeão. É o estrangeiro com mais jogos pelo clube, sendo 525 como jogador e 422 como técnico;

* Mauro Ramos de Oliveira (1930-2002), que em 1962, já jogando pelo Santos, foi o capitão brasileiro na conquista da Copa do Mundo no Chile. Pelo São Paulo ganhou os campeonatos paulistas de 1948, 1949, 1953 e 1957;

* Nilton De Sordi (1931-2013), que ganhou os campeonatos paulistas de 1953 e 1957 pelo São Paulo. Mesmo não tendo marcado nenhum gol, é o terceiro jogador com mais partidas na história do clube – 544 –, só ficando atrás dos ex-goleiros Waldir Peres e Rogério Ceni. Foi convocado para a Copa do Mundo de 1958 na Suécia, tendo sido titular em quase todos os jogos da competição, menos na final, quando foi substituído por Djalma Santos;

* Gino Orlando (1929-2003), que foi campeão paulista pelo São Paulo nos anos de 1953 e 1957, é até hoje o segundo maior artilheiro da história da equipe, marcando 233 gols em 450 jogos – perde apenas para Serginho Chulapa, que tem 242 gols. Depois que terminou a carreira de jogador foi administrador do Morumbi de 1969 até sua morte.;

* Zizinho (1921-2002), que ganhou pelo São Paulo o título paulista de 1957, é o maior artilheiro brasileiro da Copa América: marcou 17 gols em 6 participações. Jogou a Copa do Mundo de 1950 no Brasil, sendo também um dos poucos que saíram ilesos da derrota de virada por 2 a 1 na final contra o Uruguai. Foi considerado por jornalistas o melhor jogador da Copa de 1950;

* Canhoteiro (1932-1974), que fazia do lado esquerdo o que Garrincha, no Botafogo e na Seleção, fazia do lado direito, dando dribles desconcertantes. Não teve chance de jogar uma Copa do Mundo por causa da "concorrência". Foi campeão paulista pelo São Paulo em 1957.

A década de 1950 seria ainda marcada pelo início da construção do Estádio do Morumbi, que se deu em 1952. A inauguração parcial ocorreu em 2 de outubro de 1960. Durante o mencionado período, o time do São Paulo não foi afetado pela falta de investimentos em detrimento da obra, no entanto, a partir de 1960 o elenco passou a ser colocado em segundo plano.

Eis alguns destaques do Corinthians nos anos 1950:

* Gylmar dos Santos Neves (1930-2013), considerado por muitos o maior goleiro brasileiro de todos os tempos. Foi jogador do Corinthians durante uma década, ganhando os títulos paulistas de 1951, 1952 e de 1954, além do Torneio Rio-São Paulo de 1953 e 1954. Foi por causa das performances que teve na meta corintiana que seria convocado para ser o goleiro titular do Brasil nos títulos mundiais em 1958 na Suécia e em 1962 no Chile. Depois que saiu do Corinthians, em 1961, foi jogar no Santos de Pelé, pelo qual ganharia muitos outros títulos;

* Roberto Belangero (1928-1996), que jogou 13 anos no Corinthians, conquistando os campeonatos paulistas de 1951, 1952 e 1954 e o Torneio Rio-São Paulo em 1950, 1953 e 1954;

* Luisinho (1930-1998), apelidado de "Pequeno Polegar", por medir apenas 1,64m, também fez parte da geração que ganhou os campeonatos paulistas de 1951, 1952 e 1954 e o Torneio Rio-São Paulo em 1950, 1953 e 1954. Tem um busto em sua homenagem no Parque São Jorge;

* Baltazar (1926-1997), apelidado de "Cabecinha de Ouro" por causa dos 71 gols que fez de cabeça, é até hoje o segundo maior artilheiro da história corintiana: marcou 269 tentos em 404 jogos. Foi convocado para as Copas do Mundo de 1950, no Brasil, fazendo dois gols, e de 1954, na Suíça, marcando um tento. Ganhou pelo Corinthians os títulos paulistas de 1951, 1952 e 1954 e o Torneio Rio-São Paulo em 1950, 1953 e 1954. Também tem um busto em sua homenagem no Parque São Jorge;

* Cláudio Christóvam de Pinho (1922-2000), o maior artilheiro da história corintiana, com 305 gols em 550 jogos. Foi campeão paulista pelo Corinthians nos anos de 1951, 1952 e 1954 e venceu o Torneio Rio-São Paulo em 1950, 1953 e 1954. Há um busto seu no Parque São Jorge. É um dos poucos jogadores que atuaram nos quatro grandes clubes paulistas.

1961-1970

Entre 1961 e 1970, aconteceram 44 jogos entre São Paulo e Corinthians. Foram dois amistosos; um pelo Torneio Octogonal de Verão realizado em 1961[39]; dois pelo Troféu Lourenço Fló Junior realizado em 1962[40]; quatro pela Taça São Paulo; um pelo Torneio Pentagonal do Recife; dois pela Taça Laudo Natel[41]; cinco pelo Torneio Rio-São Paulo; quatro pelo Torneio Roberto Gomes Pedrosa (Robertão) e 21 pelo Campeonato Paulista. Os estádios utilizados naquele período foram o Parque São Jorge, Pacaembu, Morumbi, Ilha do Retiro (no Recife, em 1965, durante o Torneio Pentagonal) e Parque Antarctica.

No período, o São Paulo ganhou 12 partidas, o Corinthians venceu 19 e houve 13 empates. Na referida década, o Corinthians ganhou o Torneio Rio-São Paulo em 1966 e também venceu a Copa São Paulo de Futebol Júnior nos anos de 1969 e 1970. Já o São Paulo ganhou apenas a Pequena Taça do Mundo em 1963 e o Campeonato Paulista em 1970, depois de 13 anos de jejum, como comentado antes.

Durante a década de 1960, São Paulo e Corinthians fizeram jogos com muitos tentos marcados, como o empate por 4 a 4 em 10 de julho de 1966, os 3 a 0 para o Tricolor no dia 18 de setembro de 1966 ou, anos antes, a goleada corintiana de 5 a 1 em 3 de junho de 1962.

As duas equipes decidiram o Troféu Lourenço Fló Junior em 1962, no estádio do Morumbi, com duas vitórias do Corinthians, sendo a primeira por 2 a 1 e a segunda por 4 a 2.

Talvez não seja estranho considerar como jogo mais importante daquela década o empate por 1 a 1 ocorrido no dia 17 de dezembro de 1967. Explica-se: se o São Paulo tivesse sido o vencedor, acabaria ali um jejum de dez anos como campeão paulista. Com o empate, o São Paulo foi obrigado a disputar um jogo-desempate contra o Santos

---

[39] O Octogonal de Verão, realizado em 1961, foi um torneio internacional disputado no Brasil, na Argentina e no Uruguai. O campeão foi o Flamengo.

[40] O Troféu Lourenço Fló Junior (nome de um ex-dirigente corintiano), realizado em 1962 em duas partidas disputadas no Morumbi entre Corinthians e São Paulo, foi um torneio amistoso. O Corinthians sagrou-se campeão.

[41] A Taça Laudo Natel, que homenageia o ex-presidente e dirigente são paulino, realizado em 1966, foi um torneio organizado pela Federação Paulista de Futebol. Contaria com os quatro principais clubes da cidade de São Paulo, contudo o Palmeiras acabou desistindo de disputar. O campeão foi o Corinthians.

de Pelé e acabou perdendo por 2 a 1. A peleja do 1 a 1 foi realizada no estádio do Pacaembu. O São Paulo jogou com Picasso, Renato, Jurandir, Roberto Dias, Edílson, Lourival, Válter Zum-Zum, Dejair, Babá, Nenê e Paraná. O técnico era Sylvio Pirillo. O Corinthians entrou assim em campo: Marcial, Osvaldo Cunha, Ditão, Clóvis, Maciel, Édson, Rivellino, Marcos, Benê, Tales e Gílson Porto. O treinador era Lula. Os gols foram marcados por Lourival aos 24 minutos do segundo tempo (para o São Paulo) e Benê aos 45 minutos do segundo tempo (para o Corinthians). Vale repetir: 45 do segundo tempo.

O grande destaque do São Paulo na década de 1960 foi o jogador Roberto Dias (1943-2007), revelado pelo próprio clube, que lá ficou por 13 anos, Ganhou a Pequena Taça do Mundo em 1963 e o campeonato paulista de 1970. Durante o período de jejum de títulos do São Paulo, Roberto Dias foi o craque que, sozinho, quase conseguiu tirá-lo daquela desconfortável situação. Segundo relata Conrado Giacomini no seu livro *São Paulo: dentre os grandes, és o primeiro*[42], Aymoré Moreira – que treinou o Tricolor na referida década e, repita-se, era o técnico da seleção brasileira que se sagrou bicampeã do mundo na Copa de 1962 no Chile – dizia que "para o time do São Paulo voltar a ser campeão teria que ter 10 jogadores como Roberto Dias". O craque acabou sendo pré-convocado para a Copa do Mundo de 1966 na Inglaterra, entretanto não estava na lista final do mundial. Atuou pela seleção nos Jogos Olímpicos de Roma, na Itália, em 1960.

Em 25 de janeiro de 1970, aconteceu, enfim, a inauguração total do Estádio do Morumbi. Com isso, o dinheiro investido na obra voltaria para a contratação de jogadores.

O grande nome do Corinthians nos anos 1960 foi Roberto Rivellino. Nascido em 1946, começou a carreira profissional na agremiação em 1965. É considerado com frequência o maior ídolo da história do clube. Ficou no Corinthians durante nove anos, ganhando apenas o Torneio Rio-São Paulo em 1966. Tinha um verdadeiro petardo na perna esquerda e fazia dribles desconcertantes em um curto espaço do campo – como o famoso "elástico", com o qual passava a bola por baixo da perna do adversário. Foi convocado para as Copas do Mundo de 1970, no México, de 1974 na Alemanha Ocidental e de 1978 na

---

[42] Rio de Janeiro: Ediouro, 2005.

Argentina. Foi campeão mundial pelo Brasil em 1970. Em 2014 ganhou um busto em sua homenagem no Parque São Jorge. Em 1981, já aposentado, jogou uma partida amistosa com a camisa do São Paulo no estádio do Morumbi. O craque argentino Diego Maradona (1960-2020) dizia ter em Rivellino o seu maior ídolo no futebol.

1971-1980

No período entre 1971 e 1980, São Paulo e Corinthians se enfrentaram em 38 jogos, sendo um jogo amistoso, disputado na cidade de Guaíra no interior paulista; um pelo Torneio Laudo Natel; um pela Taça São Paulo; um pela Copa São Paulo, também chamada de Copa Cidade de São Paulo[43]; um pela Taça Governador do Estado de São Paulo; 24 pelo Campeonato Paulista e nove pelo Campeonato Brasileiro. Os estádios utilizados no período foram o Pacaembu, Morumbi, Parque Antarctica e José Zuquim Nogueira (em Guaíra).

Na mencionada década, o São Paulo ganhou dez partidas, o Corinthians venceu 15 e aconteceram 13 empates. No período, o Corinthians ganhou o Torneio do Povo[44] em 1971 e os campeonatos paulistas de 1977, depois de 23 anos de jejum, e de 1979. Já o São Paulo venceu o Campeonato Brasileiro em 1977, depois de ter sido vice-campeão em 1971 e em 1973, e os campeonatos paulistas de 1971, 1975 e 1980.

Durante a década de 1970, São Paulo e Corinthians tiveram, mais uma vez, confrontos com muitos gols, como na goleada do Tricolor por 4 a 0 no dia 10 de agosto de 1980 e na vitória do Corinthians por 3 a 2 em 7 de março de 1976.

São Paulo e Corinthians decidiram a Copa São Paulo no dia 2 de fevereiro de 1975 no Morumbi. Com empate por 2 a 2 no tempo

---

[43] A Copa São Paulo ou Copa Cidade de São Paulo, realizada em 1975, foi um torneio internacional que teve a participação, além de Corinthians e de São Paulo, do San Lorenzo da Argentina e do Peñarol do Uruguai. O campeão foi o Corinthians.

[44] O Torneio do Povo, cujo nome oficial era Torneio General Emílio Garrastazu Médici, teve três edições, e sagrou como campeões o Corinthians em 1971, o Flamengo em 1972 e o Coritiba em 1973. Não foi um torneio oficial que a CBD, atual CBF, haja organizado, todavia contava com os clubes de maior torcida nos respectivos estados.

regulamentar, a disputa foi para os pênaltis. O Corinthians venceu por 4 a 3.

Qual teria sido o mais importante daquela década? Talvez seja a vitória por 2 a 1 do Corinthians em 2 de outubro de 1977, numa partida válida pela última rodada do terceiro turno do campeonato paulista. O motivo: se o Corinthians ganhasse, estaria na final do campeonato paulista contra a Ponte Preta, com chance de acabar com um jejum de títulos paulistas que já durava 23 anos. A peleja foi realizada no Morumbi. O São Paulo atuou com os seguintes jogadores: Toinho, Nélson (mais conhecido por Nelsinho Baptista, futuro técnico do Corinthians campeão brasileiro de 1990 exatamente contra o São Paulo e futuro treinador campeão paulista pelo Corinthians em 1997 e pelo São Paulo em 1998), Eduardo, Bezerra, Gilberto Sorriso, Chicão, Teodoro (depois Viana), Pedro Rocha (depois Terto), Peres, Serginho Chulapa e Zé Sérgio. O técnico era Rubens Minelli. O Corinthians jogou com Tobias, Zé Maria, Moisés, Zé Eduardo, Wladimir (depois Cláudio Mineiro), Ruço, Basílio (depois Adãozinho), Geraldo, Vaguinho, Palhinha e Romeu. O treinador era Oswaldo Brandão, o mesmo técnico campeão paulista em 1954. Os gols foram marcados por Serginho Chulapa aos 32 minutos do segundo tempo (para o São Paulo) e Geraldo aos 42 minutos do primeiro tempo e Romeu aos 10 do segundo (para o Corinthians). Com a vitória no clássico, o Corinthians enfrentaria a Ponte Preta em três jogos na final e seria campeão no último jogo, com o gol marcado por Basílio.

Na década de 1970, mais precisamente entre agosto de 1976 e novembro de 1979, o Corinthians ficou 12 jogos sem sofrer derrotas para o São Paulo. De agosto de 1976 a dezembro de 1977, ou seja, por seis partidas, o Corinthians ganhou seguidamente do São Paulo. Por priorizarem o campeonato paulista em 1979, nem Corinthians nem São Paulo jogaram a edição de 1979 do Campeonato Brasileiro.

Os grandes nomes do São Paulo na década de 1970 foram estes:
* Waldir Peres (1951-2017), que jogou no time entre 1973 e 1984, ganhou os campeonatos paulistas de 1975 (sendo importantíssimo na decisão por pênaltis contra a Portuguesa), 1980 e 1981 e o Campeonato Brasileiro em 1977 (tendo sido fundamental na

derradeira partida contra o Atlético Mineiro, tanto no tempo normal como também nas cobranças de pênaltis). Foi convocado para as Copas do Mundo de 1974 na Alemanha Ocidental, 1978 na Argentina e 1982 na Espanha, sendo titular nessa última. Waldir Peres jogaria entre 1986 e 1988 no Corinthians, sendo campeão paulista em 1988;

* Pablo Forlán, nascido em 1945 no Uruguai, veio para o São Paulo depois de defender o Peñarol, clube que em 1966 ganhou a Copa Libertadores da América e o Mundial de Clubes. Pelo São Paulo, venceu os campeonatos paulistas de 1970, 1971 e 1975. Em 1990 seria técnico do Tricolor. É pai do ex-atacante Diego Forlán;

* Gérson de Oliveira Nunes, nascido em 1941, que jogou pelo Tricolor entre 1969 e 1971. Teve grande importância no título paulista em 1970, quebrando um jejum que durava 13 anos. Foi campeão também em 1971. Dava passes extraordinários para os seus companheiros do São Paulo e da seleção brasileira. Ficou conhecido como "Canhotinha de Ouro". Antes de jogar no São Paulo, teve passagens por Flamengo e Botafogo. Depois do Tricolor jogaria no Fluminense. Foi convocado para as Copas do Mundo de 1966 na Inglaterra e 1970 no México, onde se sagrou campeão mundial – fazendo inclusive um dos gols do Brasil na final contra a Itália no Estádio Azteca.;

* Chicão (1949-2008) foi revelado pelo XV de Piracicaba em 1968, sendo descoberto pelo técnico Cilinho, que treinou o São Paulo nos anos 1980. Conquistou os títulos paulistas de 1985 e 1987. Começou no São Paulo em 1973, depois de jogar na Ponte Preta, time no qual ficaria até 1979, tendo ganhado o Campeonato Paulista de 1975 e o Brasileiro de 1977 (contra o Atlético Mineiro, em confronto realizado no estádio do Mineirão em Belo Horizonte, no qual foi o capitão de sua equipe). Convocado para a Copa do Mundo de 1978 na Argentina, atuou como titular contra os donos da casa no empate em 0 a 0 na cidade de Rosário, em partida válida pela segunda fase daquela Copa. Depois do São Paulo, jogaria no Atlético Mineiro, no Santos, no Londrina e encerraria sua carreira em 1986 no Mogi Mirim;

* Pedro Rocha (1942-2013) veio para o São Paulo depois de jogar por dez anos pelo Peñarol, clube no qual ganhou sete campeonatos uruguaios, três Copas Libertadores da América e dois Mundiais de Clubes. Pelo São Paulo, venceu os campeonatos paulistas em 1971 e 1975 e ganhou também o Brasileiro de 1977, mesmo não atuando nenhuma vez. É o maior artilheiro estrangeiro da história do clube com 119 gols e o único atleta uruguaio a ter jogado quatro Copas do Mundo, sendo a primeira em 1962 no Chile e a última em 1974 na Alemanha Ocidental. Não enfrentou a seleção brasileira na semifinal de 1970 por estar machucado. Foi artilheiro do Campeonato Brasileiro em 1972, empatado com Dario "Dadá Maravilha", com 17 gols;
* Toninho Guerreiro (1942-1990), que jogou no São Paulo entre 1969 e 1973, conquistando os campeonatos paulistas de 1970 e 1971 pelo time – um feito que nem Pelé conseguiu, o de ganhar cinco títulos estaduais seguidos, sendo três pelo Santos, nos anos de 1967, 1968 e 1969, e dois pelo São Paulo, em 1970 e 1971. Acabou não sendo convocado para atuar na Copa do Mundo de 1970 no México;
* Serginho Chulapa, nascido em 1953, foi revelado pelo próprio São Paulo e é até hoje o maior artilheiro da história do clube: marcou 242 vezes, em 399 partidas. Pelo Tricolor, Serginho foi campeão brasileiro em 1977 e paulista em 1975, 1980 e 1981. Serginho também jogaria no Corinthians no ano de 1985. Foi convocado para a Copa do Mundo de 1982 na Espanha, tendo marcado na vitória do Brasil contra a Argentina por 3 a 1 no Estádio Sarriá, em Barcelona.

Por outro lado, eis os nomes de peso do Corinthians nos anos 1970:
* Zé Maria, o Super Zé, nascido em 1949, foi símbolo da raça corintiana, sendo inclusive capitão do time. Ficou 13 anos no clube e ganhou os campeonatos paulistas de 1977, 1979, 1982 e 1983. Foi convocado para a Copa do Mundo de 1970 no México tornando-se campeão mundial, sendo reserva de Carlos Alberto Torres na lateral-direita;
* Wladimir, nascido em 1954, é até hoje o recordista em jogos pelo Corinthians, com 806. Também é recordista do Corinthians em

número de partidas pelo Campeonato Brasileiro, com 268. Marcou 32 gols pelo clube. Assim como Zé Maria, venceu os campeonatos paulistas de 1977, 1979, 1982 e 1983;

* Basílio, nascido em 1949, fez 29 tentos com a camisa corintiana. O mais importante, sem qualquer dúvida, foi o gol do título paulista de 1977 contra a Ponte Preta, considerado até hoje para muitos corintianos o mais importante da história do time. Por causa daquele tento histórico, Basílio recebeu o apelido de "Pé de Anjo". Chegou ao Corinthians em 1975 vindo da Portuguesa para substituir ninguém menos do que Roberto Rivellino, que tinha se transferido para o Fluminense naquele ano. Além do título paulista em 1977, Basílio também ganhou o Campeonato Paulista em 1979.

1981-1990

Entre 1981 e 1990, ocorreram 36 jogos entre São Paulo e Corinthians, sendo 28 pelo Campeonato Paulista e 8 pelo Brasileiro. Os estádios utilizados no período foram o Pacaembu e o Morumbi.

Na década em questão, o São Paulo venceu nove partidas, o Corinthians 12 jogos e aconteceram 15 empates.

No referido período, o Corinthians ganhou o Campeonato Brasileiro, em 1990, vencendo o São Paulo na final, e os campeonatos paulistas de 1982, 1983 (ambos com o São Paulo sendo o vice), no auge da Democracia Corinthiana[45], e de 1988. Já o São Paulo venceu o Campeonato Brasileiro de 1986, depois de ter sido vice-campeão em 1981; seria vice também em 1989, perdendo para o Vasco da Gama, e em 1990, quando foi derrotado pelo Corinthians. Venceu os campeonatos paulistas em 1981, 1985, 1987 (derrotando o Corinthians na final) e 1989.

---

[45] A Democracia Corinthiana, nome dado pelo publicitário corintiano Washington Olivetto, foi um movimento criado pelo diretor de futebol Adílson Monteiro Alves, pai do atual presidente corintiano Duílio Monteiro Alves, no qual os jogadores do time participavam ativamente nas decisões do clube e pediam a abolição da concentração em alguns jogos, contratação de jogadores, mudanças nas comissões técnicas e definição de horário dos jogos. Foi um movimento liderado pela direção de futebol do clube e por alguns jogadores, como Wladimir, Sócrates (1954-2011) e Casagrande. Durou de 1981 a 1985.

Durante a década de 1980, São Paulo e Corinthians repetiram os confrontos de encher os olhos com gols, como o empate por 3 a 3 no dia 9 de agosto de 1987, a vitória do São Paulo por 3 a 2 no dia 5 de dezembro de 1982 e o empate por 2 a 2 em 22 de julho de 1984.

São Paulo e Corinthians decidiram os campeonatos paulistas de 1982, com duas vitórias do Corinthians sendo a primeira por 1 a 0 no dia 8 de dezembro e a segunda por 3 a 1 em 12 de dezembro de 1982; de 1983, com o Corinthians vencendo o primeiro encontro por 1 a 0, no dia 11 de dezembro, e o empate por 1 a 1 no segundo jogo, em 14 de dezembro de 1983; de 1987, com vitória do São Paulo na primeira partida por 2 a 1, no dia 26 de agosto, e o empate em 0 a 0 na segunda, no dia 30 de agosto de 1987; e por fim o Campeonato Brasileiro de 1990, com o Corinthians derrotando o rival nos dois confrontos da final pelo placar de 1 a 0. O primeiro jogo foi no dia 13 de dezembro e o segundo em 16 de dezembro de 1990.

Talvez o jogo mais importante do período realizado entre os dois clubes tenha sido mesmo a final do Brasileiro de 1990. Isso porque foi a primeira e única vez em que os dois rivais decidiram um título nacional – além de ter sido o primeiro Campeonato Brasileiro do Corinthians, que atualmente soma sete títulos. Os dois jogos da final foram realizados no Estádio do Morumbi. No primeiro, o Corinthians atuou com: Ronaldo Giovanelli, Giba, Marcelo Djian, Guinei, Jacenir, Márcio Bittencourt (futuro treinador do Corinthians, campeão brasileiro em 2005) (depois Ezequiel), Wilson Mano, Tupãzinho, Neto, Fabinho (depois Marcos Roberto) e Mauro. O técnico era Nelsinho Baptista, como foi dito, ex-jogador do São Paulo nos anos 1970. O Tricolor, por sua vez, jogou com: Zetti, Cafu, Antônio Carlos Zago, Ivan, Leonardo, Flávio Campos, Bernardo, Raí, Mário Tilico (depois Alcindo), Eliel e Elivélton. O gol do Corinthians na vitória por 1 a 0 foi marcado por Wilson Mano aos 4 minutos do primeiro tempo.

O momento em que Tupãzinho (caído, de camisa branca) marca o tento da vitória do Corinthians na primeira e única vez em que os clubes decidiram um título nacional, o Brasileiro de 1990. Foto Gazeta Press.

No segundo encontro o São Paulo jogou contou com Zetti, Cafu, Antônio Carlos Zago, Ivan, Leonardo, Flávio Campos, Bernardo, Raí (depois Marcelo Conte), Mário Tilico (depois Zé Teodoro), Eliel e Elivélton. O técnico era Telê Santana. O Corinthians atuou com os seguintes jogadores: Ronaldo Giovanelli, Giba, Marcelo Djian, Guinei, Jacenir, Márcio Bittencourt, Wilson Mano, Tupãzinho, Neto (depois Ezequiel), Fabinho e Mauro (depois Paulo Sérgio). O gol corintiano

na vitória por 1 a 0 foi marcado por Tupãzinho aos 9 do segundo tempo. Em tempo: Bernardo jogaria no Corinthians, sendo, inclusive, campeão da Copa do Brasil em 1995, e Paulo Sérgio do Corinthians, junto com Zetti, Cafu, Leonardo e Raí, ganhariam em 1994 a Copa do Mundo nos Estados Unidos pela seleção brasileira.

Não se poderia falar ainda de 1990 sem sublinhar que foi naquele ano que chegou ao São Paulo, depois de uma primeira passagem pelo clube em 1973, o técnico Telê Santana (1931-2006), considerado por muitos não só como o maior treinador de todos os tempos do Tricolor como também da história do futebol brasileiro. Foi técnico da seleção brasileira nas Copas de 1982, na Espanha, e 1986, no México. Telê ficaria no clube até janeiro de 1996. O período de 1990 a 1996 ficou marcado como a "Era Telê".

Na década de 1980, os jogadores de destaque do São Paulo foram estes:
* Gilmar Rinaldi, nascido em 1959, que atuou no clube entre 1985 e 1990. Ganhou os campeonatos paulistas de 1985, 1987 e 1989 e foi campeão brasileiro em 1986 (sendo importantíssimo na final contra o Guarani, em Campinas, defendendo pênalti). Foi convocado para a Copa do Mundo de 1994 nos Estados Unidos, tendo sido campeão mundial como reserva;
* Oscar Bernardi, nascido em 1954, que jogou no São Paulo entre 1980 e 1987, ganhou os campeonatos paulistas de 1980, 1981, 1985 e 1987 e foi campeão brasileiro em 1986. Fez parte do elenco

do Brasil nas Copas do Mundo de 1978 na Argentina, de 1982 na Espanha e de 1986 no México. Foi capitão no São Paulo e na seleção. Em 1982, na Espanha, quase marcou o gol de empate contra a Itália, que classificaria o Brasil para as semifinais da Copa do Mundo;

* Darío Pereyra, nascido em 1956 no Uruguai, veio para o São Paulo para jogar como volante em 1977, mas só encontraria o lugar ideal para jogar na zaga, em 1980, depois de uma improvisação feita pelo então técnico do São Paulo, Carlos Alberto Silva, na vitória de 1 a 0 contra o Corinthians em julho daquele ano, em partida válida pelo Campeonato Paulista – vitória que, aliás, pôs fim ao jejum do Tricolor no clássico, após passar 12 confrontos sem vencer um Majestoso. Darío formou uma histórica e eficiente dupla de zaga com Oscar. Pelo São Paulo, ganhou os campeonatos paulistas de 1980, 1981, 1985 e 1987 e os campeonatos brasileiros de 1977, jogando no meio-campo, e de 1986 atuando como zagueiro. Saiu do São Paulo em 1988. Foi convocado pela seleção uruguaia para jogar a Copa do Mundo de 1986 no México. Treinou o São Paulo em 1997 e 1998;

* Pita, nascido em 1958, que entre 1984 e 1988 foi jogador do São Paulo e era o grande assistente de Careca e Müller, lançando bolas para os dois atacantes. Veio do Santos para o Tricolor e no Morumbi foi campeão paulista em 1985 e em 1987 e ganhou também o Brasileiro de 1986;

* Silas, nascido em 1965, revelado pelo próprio São Paulo, formou junto com Müller e com o ponta-esquerda Sídnei um trio que ficou conhecido como o dos "Menudos do Morumbi", apelido dado por serem muito jovens na mesma época em que a banda porto-riquenha fazia sucesso no Brasil e no mundo. Pelo São Paulo, ganhou os campeonatos paulistas de 1985 e de 1987 e foi campeão brasileiro em 1986. Estava na lista da seleção para as Copas do Mundo de 1986 no México e de 1990 na Itália;

* Careca, nascido em 1960, foi jogador do São Paulo entre 1983 e 1987 – vindo do Guarani, clube no qual ganhou projeção nacional e onde conquistou o campeonato brasileiro de 1978 –, substituindo Serginho Chulapa. Não foi bem no início, porém depois

se recuperou a ponto de virar ídolo. Ganhou com o São Paulo os campeonatos paulistas de 1985 e 1987 e o Brasileiro de 1986. Além de ter sido o artilheiro do campeonato, marcou um gol inesquecível no último minuto do segundo tempo da prorrogação da final contra o Guarani, em Campinas. Foi convocado para as Copas do Mundo de 1986 no México e de 1990 na Itália. Depois do São Paulo, jogaria no Napoli da Itália, fazendo uma dupla com o argentino Diego Maradona e sendo campeão da Copa da UEFA, hoje Liga Europa, em 1989, e italiano em 1990;

* Müller, nascido em 1966, revelado pelo próprio Tricolor, jogou na equipe entre 1984 e 1988, depois de 1991 a 1994 e em 1996. Em 13 finais disputadas pelo clube do Morumbi, ganhou 12 títulos. Era rápido e artilheiro. Depois que voltou da Itália, quando foi jogar pelo Torino, se tornou marcante nas principais conquistas do São Paulo na década de 1990, principalmente ao marcar o gol do título mundial de clubes em 1993 no estádio Nacional de Tóquio, no Japão, contra o Milan, da Itália. Foi convocado para as Copas do Mundo de 1986 no México, de 1990 na Itália e de 1994 nos Estados Unidos, sendo campeão mundial nessa última como reserva. Em 2001 foi jogador do Corinthians e é um dos poucos atletas que passaram pelos quatro grandes clubes paulistas.

Do lado do Corinthians, eis alguns dos principais nomes daquele período:

* Ronaldo Giovanelli, nascido em 1967, foi o primeiro goleiro a ser campeão brasileiro pelo clube. Ficou dez anos no Corinthians e ganhou os campeonatos paulistas de 1988, 1995 e 1997, a Copa do Brasil de 1995, o Campeonato Brasileiro em 1990 e a Supercopa do Brasil em 1991. Foi homenageado com um busto no Parque São Jorge;

* Sócrates (1954-2011), ou Doutor Sócrates, como era mais conhecido, por ter se formado em Medicina, veio do Botafogo de Ribeirão Preto para o Corinthians em 1978, onde jogaria até 1984 – e iria fazer história, dentro e fora dos gramados. Dentro de campo por causa das suas visões de jogo e pelo toque de calcanhar; fora, por liderar o que ficou conhecido como Democracia Corinthiana,

movimento cujo objetivo era, como o próprio nome indica, "democratizar" as decisões tomadas no clube. Pelo Corinthians, ganhou os campeonatos paulistas de 1979, 1982 e 1983. Foi convocado para as Copas do Mundo de 1982 na Espanha e de 1986 no México – na qual perdeu um pênalti na decisão do jogo contra a França, pelas quartas de final, em que o Brasil foi desclassificado. É irmão de Raí, ídolo do São Paulo. Morreu no mesmo dia em que o Corinthians ganhava o seu quinto título brasileiro: 4 de dezembro de 2011. No ano seguinte, Sócrates foi homenageado com um busto no Parque São Jorge;

* Casagrande, nascido em 1963, jogou no Corinthians de 1982 a 1986 e também jogaria em 1994. Fez parte, junto com Sócrates, da Democracia Corinthiana. Com o time, ganhou os campeonatos paulistas de 1982 e de 1983. Em 1984, defendeu o São Paulo. Foi convocado para a Copa do Mundo de 1986 no México. Depois disso, jogaria no Porto, de Portugal, onde acabou ganhando a Liga dos Campeões da Europa em 1987;

* Neto, nascido em 1966, jogou no Corinthians de 1989 a 1993 e de 1996 a 1997. Antes do Corinthians, em 1987, atuou no São Paulo, sendo inclusive campeão paulista. Em 1989 veio do Palmeiras para o Corinthians, trocado pelo jogador Ribamar. Neto se tornou ídolo da torcida, sobretudo em razão dos gols de falta que marcou durante a fase final do Campeonato Brasileiro de 1990. Jogou praticamente pelo time inteiro no certame que consagrou o Corinthians com o título de campeão do país. Com o clube, além do Brasileiro em 1990, Neto ganharia também a Supercopa do Brasil em 1991, marcando o gol do título, e o Campeonato Paulista de 1997, já como reserva. Acabou não sendo convocado para a Copa do Mundo de 1990, na Itália, sendo preterido pelo técnico de então da seleção brasileira, Sebastião Lazaroni. É um dos poucos jogadores que passaram pelos quatro grandes clubes paulistas.

1991-2000

Entre 1991 e 2000, aconteceram 44 jogos entre São Paulo e Corinthians, sendo dois jogos amistosos, dois pela Copa Bandeirantes[46], dois pela Copa Conmebol, dois pelo Torneio Rio-São Paulo, 23 pelo Campeonato Paulista e 13 pelo Campeonato Brasileiro. Os estádios utilizados no período foram o Morumbi, o Pacaembu, Serra Dourada em Goiânia, Palma Travassos e o Santa Cruz, ambos na cidade de Ribeirão Preto (SP).

Na referida década, o São Paulo ganhou 14 partidas, o Corinthians venceu 14 e houve 16 empates.

Naquele período, o Corinthians conquistou o Mundial de Clubes, em 2000; antes disso, também no plano internacional, levou em 1996 o Troféu Ramón de Carranza, disputado na cidade de Cádiz, na Espanha. Por aqui, venceu a Copa São Paulo de Futebol Júnior em 1995 e em 1999, a Copa do Brasil em 1995, a Supercopa do Brasil[47] em 1991, o Campeonato Brasileiro em 1998 e 1999 e os campeonatos paulistas de 1995, 1997 (tendo o São Paulo como vice) e 1999.

Por seu turno, o São Paulo ganhou a Copa Libertadores da América em 1992 e em 1993, a Copa Conmebol em 1994, a Copa Master da Conmebol em 1996, a Copa dos Campeões Mundiais[48] em 1995 e em 1996, a Recopa Sul-Americana[49] em 1993 e em 1994, a Supercopa da Libertadores[50] em 1993, o Troféu Teresa Herrera, disputado na cidade de La Coruña na Espanha em 1992, o Troféu Ramón de Carranza em

---

[46] A Copa Bandeirantes – disputada em 1994 com a participação de oito times, sendo os seis primeiros colocados no Campeonato Paulista da primeira divisão, o campeão paulista da segunda divisão e o campeão paulista da terceira divisão – foi organizada pela Federação Paulista de Futebol. O vencedor ganharia vaga para disputar a Copa do Brasil no ano de 1995. O campeão foi o Corinthians.

[47] A Supercopa do Brasil, realizada nos anos de 1990, 1991 e desde 2020, é uma disputa entre o campeão brasileiro e o campeão da Copa do Brasil na temporada anterior.

[48] A Copa do Campeões Mundiais, disputada entre 1995 e 1997, foi uma competição entre equipes brasileiras que até aquele momento já tinham ganhado o Mundial de Clubes.

[49] A Recopa Sul-Americana, realizada entre 1989 e 1998 e desde 2003, é uma disputa entre o campeão da Copa Libertadores da América e o campeão da Supercopa da Libertadores (no caso do período de 1989 a 1998) e entre o campeão da Copa Libertadores da América e o campeão da Copa Sul-Americana (a partir de 2003).

[50] A Supercopa da Libertadores, organizada de 1988 a 1997, foi uma competição entre os clubes que até aquele momento já tinham vencido a Copa Libertadores da América.

1992, o Mundial de Clubes em 1992 e em 1993, a Copa São Paulo de Futebol Júnior em 1993 (tendo o Corinthians como vice) e em 2000, o Campeonato Brasileiro em 1991 e os campeonatos paulistas em 1991 (com o Corinthians como vice), 1992, 1998 (tendo o Corinthians como vice) e 2000.

Durante a década de 1990, São Paulo e Corinthians voltaram a fazer, como nas anteriores, jogos repletos de gols, como as goleadas de 5 a 0 no dia 10 de março de 1996 e 4 a 0 em 6 de junho de 1999 para o escrete do Parque São Jorge e as vitórias por 3 a 0 do Tricolor nos dias 8 de dezembro de 1991, com todos os gols marcados por Raí, 4 de outubro de 1992, 7 de fevereiro de 1993 e 14 de março de 1999.

São Paulo e Corinthians decidiram o Campeonato Paulista de 1991, com uma vitória do São Paulo na primeira partida por 3 a 0 no dia 8 de dezembro e o empate em 0 a 0 na segunda, em 15 de dezembro de 1991; o Paulista de 1997, com empate em 1 a 1 no quadrangular final no dia 5 de junho de 1997, com o título ficando para o Corinthians por ter feito melhor campanha na primeira fase do campeonato; e o Paulista de 1998, com vitória do Corinthians no primeiro jogo por 2 a 1, no dia 3 de maio, e do São Paulo por 3 a 1 no segundo, em 10 de maio de 1998, com o título sendo ganho pelo São Paulo no saldo de gols. São Paulo e Corinthians decidiram também a Copa São Paulo de Futebol Júnior em 1993, com vitória do São Paulo por 4 a 3 no dia 25 de janeiro. Além disso, os dois escretes se enfrentaram nas semifinais da Copa Conmebol em 1994, do Campeonato Paulista de 1999, do Campeonato Brasileiro de 1999 (no qual, no primeiro jogo, o goleiro corintiano Dida defendeu dois pênaltis do ídolo são-paulino Raí) e do Campeonato Paulista de 2000 (último em que o São Paulo eliminou o Corinthians).

Dentre todos confrontos entre São Paulo e Corinthians na década de 1990, talvez o mais lembrado seja o primeiro jogo da semifinal do Campeonato Brasileiro de 1999, com a vitória do Corinthians por 3 a 2 – exatamente pela atuação de Dida, conforme mencionado no parágrafo anterior. Se Raí tivesse convertido as duas cobranças o São Paulo teria vencido e iria para o jogo seguinte com mais possibilidades de se classificar para a final. A peleja foi realizada no Estádio do Morumbi no dia 28 de novembro de 1999. O Corinthians jogou assim: Dida (depois Maurício), Índio, Márcio Costa, Nenê, Kléber, Rincón, Vampeta,

Ricardinho (depois Edu Gaspar), Marcelinho Carioca, Edílson e Luizão (depois Dinei). O técnico era Oswaldo de Oliveira, futuro treinador do São Paulo em 2002. O São Paulo pôs em campo os seguintes jogadores: Rogério Ceni, Paulão, Nem (depois Carlos Miguel), Wílson, Fábio Aurélio, Fabiano (depois Jaques), Edmílson, Jorginho Campos, Raí, Marcelinho Paraíba e França (depois Souza). O técnico era Paulo César Carpegiani. Os gols do Corinthians foram marcados por Nenê aos 23 minutos do primeiro tempo, Ricardinho aos 31 e Marcelinho Carioca aos 8 minutos do segundo tempo. Fizeram para o São Paulo: Raí aos 29 minutos e Edmílson aos 40 minutos do primeiro tempo. No segundo jogo, o Corinthians ganharia por 2 a 1, classificando-se para a final, contra o Atlético Mineiro, sagrando-se tricampeão brasileiro, pela segunda vez de modo consecutivo. Algumas curiosidades: Ricardinho jogaria no São Paulo entre 2002 e 2003 e Luizão no São Paulo no ano de 2005. Os jogadores Dida, Vampeta, Ricardinho, Edílson e Luizão do Corinthians e Rogério Ceni e Edmílson do São Paulo seriam campeões mundiais pela seleção brasileira na Copa do Mundo de 2002 na Coreia do Sul e no Japão.

Os grandes nomes do São Paulo na década de 1990 foram:
 * Zetti, nascido em 1965, que jogou no clube entre 1990 e 1996, ganhou os campeonatos paulistas de 1991 e 1992, a Supercopa da Libertadores em 1993, a Copa Master Conmebol de 1996, a Recopa Sul-Americana de 1993 e 1994; teve papel decisivo nos títulos da Copa Libertadores da América e do Mundial de Clubes nos anos de 1992 e 1993; e venceu ainda o Brasileiro de 1991. Foi convocado para a Copa do Mundo de 1994 nos Estados Unidos, na qual se tornou campeão mundial pela seleção brasileira;
 * Cafu, nascido em 1970, jogou no São Paulo entre 1989 e 1994 e ganhou os campeonatos paulistas de 1991 e 1992, o Brasileiro de 1991, a Supercopa da Libertadores em 1993, a Recopa Sul-Americana em 1993 e 1994, a Copa Libertadores da América em 1992 e 1993 e o Mundial de Clubes em 1992 e 1993. Foi convocado pela seleção brasileira para atuar na Copa do Mundo de 1994 nos Estados Unidos, de 1998 na França, de 2002 na Coreia do Sul e no Japão e de 2006 na Alemanha. É o único jogador a disputar três

finais consecutivas de Copa do Mundo. Com a seleção ganhou a Copa de 1994 e a de 2002, sendo, nessa última, o capitão da equipe. Depois de jogar pelo Palmeiras foi para a Europa, onde defenderia o Milan, da Itália, com o qual ganharia a Liga dos Campeões da Europa e entraria para um seleto grupo de jogadores que venceu a Copa Libertadores da América e a Liga dos Campeões da Europa;
* Leonardo, nascido em 1969, e revelado pelo Flamengo, atuou no São Paulo de 1990 a 1991, de 1993 a 1994 e em 2001. Na primeira passagem, jogando como lateral-esquerdo, ganhou o campeonato brasileiro em 1991. Depois de ter defendido o Valencia, da Espanha, voltou ao São Paulo já como meia para ser campeão da Recopa Sul-Americana em 1993 e 1994, da Supercopa da Libertadores e do Mundial de Clubes em 1993. Depois de atuar no Japão, na França e na Itália, tornou a defender o Tricolor em 2001 – sem conquistar novos títulos. Foi convocado para a Copa do Mundo de 1994 nos Estados Unidos pela seleção brasileira, que naquele ano conquistou o tetra. Foi titular até ser expulso nas oitavas de final contra os donos da casa. Também jogou a Copa do Mundo de 1998 na França, sendo vice-campeão;
* Raí, nascido em 1965, atuou no Tricolor entre 1987 e 1993 e depois entre 1998 e 2000. Revelado pelo Botafogo de Ribeirão Preto, teve ainda passagem pela Ponte Preta. Chegou ao São Paulo apenas como o irmão mais novo de Sócrates, no entanto, com a vinda do treinador Telê Santana em 1990, seria peça fundamental nos principais títulos do São Paulo nos anos 1990 – fez, inclusive, os dois gols da final do Mundial de Clubes de 1992 contra o Barcelona, da Espanha, no estádio Nacional de Tóquio, no Japão. Pelo time do Morumbi foi campeão paulista em 1989, 1991, 1992, 1998 e em 2000. Ganhou o Campeonato Brasileiro em 1991 e a Copa Libertadores da América em 1992 e em 1993. Foi convocado para a Copa do Mundo de 1994 nos Estados Unidos pela seleção brasileira, sendo campeão naquele ano;
* Toninho Cerezo, nascido em 1956, veio para o São Paulo em 1992. Com passagem de destaque pelo Atlético Mineiro entre os anos de 1970 e 1980 – tendo inclusive enfrentado o Tricolor na final do Brasileiro de 1977, na qual até perdeu um pênalti – e

também pelo futebol italiano, chegou no clube paulista como um veterano, com 36 anos de idade. Foi campeão paulista em 1992, da Supercopa da Libertadores e da Recopa Sul-Americana em 1993, da Copa Libertadores da América no mesmo ano e do Mundial de Clubes em 1992 e 1993 (tendo marcado o segundo gol na final contra o Milan da Itália, além de haver sido eleito o melhor em campo naquele confronto). Acabou saindo do São Paulo, para voltar a atuar no time por mais um ano, o de 1995, no qual não conquistou nenhum título. Disputou, pela seleção brasileira, a Copa do Mundo de 1978 na Argentina e a de 1982 na Espanha, em que virou bode expiatório da derrota brasileira para a Itália, devido a um passe errado que ocasionou o segundo tento da Azzurra, que acabou vencendo por 3 a 2;

* Ronaldão, nascido em 1965, revelado pelo próprio São Paulo, jogou no escrete entre 1986 e 1993. Ganhou com o time os campeonatos paulistas de 1987, 1989, 1991 e 1992, além de ter sido campeão brasileiro em 1986 e em 1991. Conquistou também a Supercopa da Libertadores em 1993, a Recopa Sul-Americana em 1993, a Copa Libertadores da América em 1992 e 1993 e o Mundial de Clubes em 1992 e 1993. Foi convocado para a Copa do Mundo de 1994 nos Estados Unidos, sendo campeão naquele ano;

* Palhinha, nascido em 1967, foi jogador do Tricolor entre 1992 e 1995, vindo do América Mineiro. Pelo São Paulo ganhou o Campeonato Paulista em 1992, a Copa Libertadores da América no mesmo ano (tendo sido o artilheiro da competição, com sete gols) e em 1993, o Mundial de Clubes em 1992 e em 1993 (marcando um gol na final contra o Milan da Itália), a Supercopa da Libertadores em 1993 e a Recopa Sul-Americana em 1993 e 1994;

* França, nascido em 1976, jogou no clube do Morumbi entre 1996 e 2002 e ganhou o Campeonato Paulista em 1998 e 2000, o Torneio Rio-São Paulo em 2001 e o Supercampeonato Paulista em 2002. É até hoje o quinto maior artilheiro da história da agremiação, com 182 gols em 327 partidas.

Eis os grandes nomes do Corinthians no mesmo período:

* Dida, nascido em 1973, foi o primeiro goleiro a ser campeão mundial pelo clube. Ficou três anos no Corinthians e ganhou a Copa do Brasil de 2002, o Campeonato Brasileiro em 1999, o Torneio Rio-São Paulo em 2002 e o Mundial de Clubes em 2000. Foi convocado para as Copas do Mundo de 1998 na França, de 2002 na Coreia do Sul e no Japão e de 2006 na Alemanha, atuando nessa última como titular. Foi campeão mundial pela seleção brasileira na Copa do Mundo de 2002. Depois do Corinthians jogaria durante anos no Milan da Itália, sendo um dos poucos atletas a vencer a Copa Libertadores da América e a Liga dos Campeões da Europa;
* Gamarra, nascido em 1971 no Paraguai, veio para o Corinthians em 1998, ano em que seria eleito pela Fifa o melhor zagueiro do Mundial realizado na França, competição na qual ficou mais de 700 minutos sem cometer uma falta sequer. Pelo Corinthians, ganhou o Campeonato Brasileiro em 1998 e o Paulista em 1999;
* Edílson, mais conhecido como "Capetinha", nascido em 1971, jogou no Corinthians entre 1997 e 2000 e com o time se sagrou campeão do Paulista de 1999, do Campeonato Brasileiro de 1998 e de 1999 e do Mundial de Clubes de 2000. Foi convocado para a Copa de 2002 na Coreia do Sul e no Japão, sendo campeão mundial;
* Luizão, nascido em 1975, jogou na equipe corintiana entre 1999 e 2002, sagrando-se campeão do Campeonato Paulista de 2001, do Campeonato Brasileiro de 1999 e do Mundial de Clubes de 2000. Em 2005, atuou no São Paulo, ganhando o Campeonato Paulista e a Copa Libertadores da América. É até hoje o maior artilheiro brasileiro na história da Copa Libertadores da América, com 29 gols. Em 2002, foi convocado para a Copa na Coreia do Sul e no Japão e foi campeão mundial. É um dos poucos jogadores que atuaram pelos quatro grandes clubes do futebol paulista;
* Marcelinho Carioca, nascido em 1971, jogou no Corinthians de 1994 a 1997, de 1998 a 2001, em 2006 e em 2010. Com o time venceu o Campeonato Paulista em 1995, 1997, 1999 e 2001, a Copa do Brasil em 1995, o Campeonato Brasileiro em 1998 e em 1999 e o Mundial de Clubes de 2000. É até hoje é o quinto maior artilheiro da história do clube, com 206 gols. Em 2020 foi homenageado com um busto no Parque São Jorge;

* Ricardinho, nascido em 1976, jogou na equipe corintiana de 1998 a 2002 e em 2006. Sagrou-se campeão do Campeonato Paulista de 1999 e 2001, do Torneio Rio-São Paulo de 2002, da Copa do Brasil de 2002, do Campeonato Brasileiro de 1998 e de 1999 e do Mundial de Clubes de 2000. Em 2002, foi convocado para a Copa do Mundo na Coreia do Sul e no Japão no lugar do contundido Emerson, conquistando o título com a equipe. Depois da Copa do Mundo de 2002, foi contratado pelo São Paulo, contudo, não fez sucesso. Em 2006, entrou na lista da seleção brasileira que disputaria a Copa do Mundo na Alemanha;
* Vampeta, nascido em 1974, jogou no Corinthians de 1998 a 2000, de 2002 a 2003 e em 2007. Pelo time venceu o Campeonato Paulista em 1999 e em 2003, o Torneio Rio-São Paulo de 2002, a Copa do Brasil em 2002, o Campeonato Brasileiro em 1998 e em 1999 e o Mundial de Clubes de 2000. Em 2002, foi convocado para a Copa do Mundo na Coreia do Sul e no Japão, conquistada pelo Brasil. Em 2007, tentou salvar o Corinthians do rebaixamento no campeonato brasileiro, entretanto não conseguiu. Foi Vampeta quem criou o apelido de "Bambi" para os são-paulinos.

2001-2010

Entre 2001 e 2010, ocorreram 34 confrontos entre São Paulo e Corinthians, contando um jogo que acabou sendo anulado por suspeita de manipulação de resultado, válido pelo Campeonato Brasileiro de 2005, três pelo Torneio Rio-São Paulo, dois pela Copa do Brasil, 12 pelo Campeonato Paulista e outros 17 jogos do Brasileiro. Os estádios utilizados no período foram o Paulo Constantino, em Presidente Prudente, e Teixeirão, em São José do Rio Preto, ambos no interior paulista, Morumbi e Pacaembu.

Na mencionada década, o São Paulo ganhou 11 partidas, o Corinthians venceu 12 e aconteceram 11 empates.

Ao longo daquele período, o Corinthians ganhou a Copa São Paulo de Futebol Júnior em 2004 (tendo o São Paulo como vice), 2005 e 2009, a Copa do Brasil em 2002 e em 2009, o Campeonato Brasileiro da Série A em 2005 e o Campeonato Brasileiro da Série B em 2008, o Torneio Rio-São Paulo em 2002 (tendo o São Paulo como vice) e os campeonatos paulistas de 2001, 2003 (tendo o São Paulo como vice) e 2009 (de maneira invicta). Já o São Paulo venceu a Copa Libertadores da América em 2005, o Mundial de Clubes em 2005, a Copa São Paulo de Futebol Júnior em 2010, os campeonatos brasileiros de 2006, 2007 e 2008 (sendo a primeira vez na história que o time venceu uma competição por três vezes seguidas.), o Torneio Rio-São Paulo em 2001, o Supercampeonato Paulista em 2002 e o Campeonato Paulista em 2005.

Em 2004, por ter feito uma péssima campanha no Campeonato Paulista, o Corinthians estava prestes a ser rebaixado para a segunda divisão, contudo só não caiu porque o São Paulo ganhou por 2 a 1 do Juventus no estádio Anacleto Campanella, em São Caetano do Sul. Com isso, o Juventus acabou ficando dois pontos atrás do Corinthians na classificação final do seu grupo. Todavia, em 2007, o Corinthians não escapou: foi rebaixado para a segunda divisão do Campeonato Brasileiro. Antes disso, havia conseguido uma vitória por 1 a 0 contra o São Paulo no Morumbi no dia 7 de outubro, quebrando uma sequência de 13 jogos sem vitória contra o São Paulo.

Durante a década de 2000, os dois clubes também fizeram partidas com muitos gols marcados, como a vitória do Corinthians por 4 a 3 no dia 28 de março de 2010 e a goleada de 5 a 1 do São Paulo em 8 de maio de 2005, derrota, aliás, que levou à demissão do treinador corintiano de então, o argentino Daniel Passarella.

São Paulo e Corinthians decidiram o Torneio Rio-São Paulo em 2002, com uma vitória do Corinthians no primeiro jogo por 3 a 2 no dia 5 de maio e o empate em 1 a 1 no segundo jogo em 12 de maio de 2002, e o Campeonato Paulista de 2003, com duas vitórias para o Corinthians por 3 a 2, tendo sido a primeira partida realizada no dia 16 de março e a segunda em 22 de março de 2003. As equipes decidiram também a Copa São Paulo de Futebol Júnior em 2004, com vitória do Corinthians por 2 a 0 no dia 25 de janeiro. Além disso, São Paulo e Corinthians se enfrentaram nas semifinais da Copa do Brasil de 2002, com uma vitória do escrete corintiano por 2 a 0 no primeiro jogo, realizado no dia 24 de abril, e uma vitória do Tricolor por 2 a 1 no segundo confronto, ocorrido no dia 1º de maio de 2002. O Corinthians acabou se classificando para a final da competição pelo saldo de gols. No Campeonato Paulista de 2009 seriam duas vitórias do Corinthians: 2 a 1 na primeira partida, realizada no dia 12 de abril, 2 a 0 na segunda, em 19 de abril de 2009.

Dentre todos os jogos entre São Paulo e Corinthians na década de 2000, talvez o jogo que haja ficado mais na memória dos torcedores – não só pela goleada como também pelo que aconteceu depois da peleja – tenha sido o 5 a 1 a favor do Tricolor em confronto do Campeonato Brasileiro de 2005 ocorrido no dia 8 de maio no estádio do Pacaembu. O Corinthians, que era o mandante daquele jogo, formou com: Tiago, Ânderson, Betão (depois Bruno Octávio), Marquinhos, Édson, Marcelo Mattos, Carlos Alberto, Roger Flores, Gustavo Nery, Tevez e Gil (depois Jô). O técnico era Daniel Passarella. O São Paulo, por sua vez, pôs em campo: Rogério Ceni, Cicinho, Fabão, Edcarlos, Alex Bruno, Mineiro, Josué, Danilo, Júnior (depois Fábio Santos), Grafite (depois Souza) e Luizão (depois Diego Tardelli). O treinador era Paulo Autuori. O gol do Corinthians foi marcado por Carlos Alberto aos 44 minutos do segundo tempo. Os tentos do São Paulo foram marcados por Rogério Ceni aos 3 minutos, Luizão aos 12 e Danilo aos 16 minutos do primeiro tempo e Luizão aos 2 e Cicinho aos 27 minutos do segundo tempo. Como curiosidade, vale registrar que Ânderson e Gustavo Nery tiveram passagem pelo São Paulo, enquanto Danilo, Fábio Santos e Luizão também jogaram pelo Corinthians. Com a derrota por 5 a 1, o Corinthians, como foi dito antes, demitiria o treinador argentino Daniel Passarella – ex-capitão da seleção de seu país na conquista da Copa de 1978, realizada na Argentina. Chamaria para seu lugar Márcio Bittencourt, ex-jogador do clube em 1990, que levaria o time, auxiliando o novo técnico, Antônio Lopes, ao título do Campeonato Brasileiro de 2005. Já o São Paulo, com o treinador Paulo Autuori, ganharia a Copa Libertadores da América em julho e em dezembro conquistaria o Mundial de Clubes.

Eis os grandes nomes do São Paulo na década de 2000:
* Rogério Ceni, nascido em 1973, que jogou no Tricolor entre 1990 e 2015, sendo titular a partir de 1997. É, provavelmente, o maior ídolo da história da agremiação. Isso porque ganhou os campeonatos paulistas de 1992, 1998, 2000 (fazendo gol na final contra o Santos) e 2005; a Supercopa da Libertadores em 1993 e a Copa São

Paulo de Futebol Júnior do mesmo ano, no qual, aliás, foi importantíssimo para as conquistas da Copa Libertadores da América e do Mundial de Clubes (tal como ocorreria em 1993 e 2005, quando era o titular absoluto da meta). Venceu também a Copa Conmebol de 1994, a Recopa Sul-Americana em 1993 e 1994, a Copa Master Conmebol em 1996, o Torneio Rio-São Paulo de 2001, a Copa Sul-Americana em 2012 e o Campeonato Brasileiro de 2006, 2007 e 2008. Foi convocado para a Copa do Mundo de 2002 na Coreia do Sul e no Japão, tornando-se assim campeão mundial pela seleção brasileira. Na Copa de 2006 na Alemanha voltou a figurar no elenco, tendo a chance de atuar em um jogo. É até hoje o maior artilheiro da história do futebol como goleiro, tendo marcado 131 gols, sendo o centésimo exatamente contra o Corinthians, em 2011. É também o recordista em número de partidas disputadas com a camisa são-paulina: 1237;

* Luís Fabiano, nascido em 1980, jogou no clube entre 2001 e 2004 e entre 2011 e 2015. Ganhou o Torneio Rio-São Paulo em 2001 e a Copa Sul-Americana de 2012. Foi convocado para a seleção brasileira que disputou a Copa do Mundo de 2010 na África do Sul. É o terceiro maior artilheiro da história do São Paulo, com 212 gols em 352 partidas;

* Kaká, nascido em 1982, esteve no elenco do Tricolor entre 2001 e 2003 e depois no ano de 2014. Foi revelado pelo próprio clube e ganhou com ele apenas o Torneio Rio-São Paulo de 2001, fazendo dois gols na final contra o Botafogo no Morumbi. Brilhou com a camisa do São Paulo em 2002, sendo convocado para a Copa do Mundo na Coreia do Sul e no Japão, da qual, como já se disse, o Brasil saiu vitorioso. Também esteve no elenco da seleção na Copa do Mundo de 2006 na Alemanha e na de 2010 na África do Sul. Depois que saiu do São Paulo, em 2003, foi para o Milan, da Itália, pelo qual, em 2007, seria eleito o melhor jogador do planeta. De volta ao São Paulo em 2014, encerraria sua carreira no Orlando City, dos Estados Unidos, em 2017;

* Diego Lugano, nascido em 1980 no Uruguai, jogou no clube entre 2003 e 2006 e entre 2016 e 2017. Com o time venceu o Campeonato Paulista de 2005 e foi campeão brasileiro em 2006.

Chegou no São Paulo com a fama de "jogador do presidente" por ter sido contratado diretamente pelo então presidente Marcelo Portugal Gouvêa. Saiu como ídolo. Ganhou também a Copa Libertadores da América em 2005 e o Mundial de Clubes em 2005. Na segunda passagem pela agremiação, Diego Lugano venceu a Florida Cup, em 2017. Foi convocado pela seleção uruguaia para a Copa do Mundo de 2010 na África do Sul e de 2014 no Brasil;

* Mineiro, nascido em 1975, foi jogador do Tricolor entre 2005 e 2006, vindo do São Caetano. Pelo São Paulo ganhou, em 2005, o Campeonato Paulista, a Copa Libertadores da América e o Mundial de Clubes (marcando o gol do título na final contra o Liverpool, da Inglaterra). Em 2006 conquistou o Campeonato Brasileiro. Foi convocado pela seleção brasileira para a Copa do Mundo de 2006 na Alemanha;

* Josué, nascido em 1979, jogou no clube entre 2005 e 2007, vindo do Goiás. Pelo São Paulo, ganhou, em 2005, o Campeonato Paulista, a Copa Libertadores da América e o Mundial de Clubes. Venceu o Campeonato Brasileiro de 2006 e o de 2007. Depois do São Paulo, foi vendido para o Wolfsburg, da Alemanha, onde se sagrou campeão alemão em 2009, e na volta para o Brasil foi jogar no Atlético Mineiro, time pelo qual conquistou a Copa Libertadores da América de 2013. Foi convocado pela seleção brasileira para a Copa do Mundo de 2010 na África do Sul;

* Hernanes, nascido em 1985, foi revelado pelo próprio São Paulo. Atuou no clube entre 2005 e 2010, em 2017 e a partir de 2019. Ganhou o Campeonato Brasileiro em 2007 e 2008. Foi convocado para a seleção brasileira para a Copa do Mundo de 2014 no Brasil;

* Aloísio "Chulapa", nascido em 1975, jogou no Tricolor entre 2005 e 2008. Com o São Paulo ganhou o Mundial de Clubes em 2005 (dando passe para o gol do título, na final contra o Liverpool) e o Campeonato Brasileiro em 2006, 2007 e 2008;

* Amoroso, nascido em 1974, foi descoberto pelo Guarani em 1992. No time de Campinas fez, em 1994, uma dupla inesquecível com Luizão, revivida depois em 2005 no São Paulo. Em 1994, aliás, foi eleito o melhor jogador do Campeonato Brasileiro. Antes de atuar no São Paulo, conseguiu ser artilheiro do Campeonato

Brasileiro de 1994, pelo Guarani, do Campeonato Italiano de 1999 pela Udinese e do Campeonato Alemão de 2002 pelo Borussia Dortmund. Foi jogador do São Paulo no ano de 2005, vencendo a Copa Libertadores da América e o Mundial de Clubes. Entre 2006 e 2007 passaria também pelo Corinthians;

* Miranda, nascido em 1984, foi revelado pelo Coritiba em 2004 e em 2006 veio para o São Paulo, onde ficaria até 2011, ganhando o Campeonato Brasileiro em 2006, 2007 e 2008. Foi convocado pela seleção brasileira para a Copa do Mundo de 2018 na Rússia;

* Júnior, nascido em 1973, foi revelado pelo Vitória (BA) em 1994 e dez anos depois se transferiu para o São Paulo, onde ficaria até 2008. Ganhou os campeonatos brasileiros de 2006, 2007 e 2008, além do campeonato paulista, da Copa Libertadores da América e do Mundial de Clubes, todos conquistados em 2005. Foi convocado pela seleção brasileira para a Copa do Mundo de 2002, sendo campeão mundial como reserva de Roberto Carlos (então no Real Madrid), na lateral-esquerda;

* Dagoberto, nascido em 1983, foi revelado em 2001 pelo Athletico Paranaense, sendo inclusive campeão brasileiro naquele ano. Foi para o São Paulo em 2007 e lá ficaria até 2011, conquistando o Campeonato Brasileiro em 2007 e 2008. Jogaria depois no Internacional e no Cruzeiro, clube no qual venceria o Campeonato Brasileiro em 2013 e em 2014;

* Borges, nascido em 1980, atuou no Tricolor entre 2007 e 2009, sendo campeão brasileiro em 2007 e em 2008. Depois do São Paulo, jogaria, em 2011, no Santos, onde foi artilheiro do Campeonato Brasileiro, e em 2012 no Cruzeiro, time pelo qual conquistaria o Campeonato Brasileiro de 2013 e de 2014 ao lado de Dagoberto.

Para além desses atletas, uma personalidade de peso para o tricolor ao longo dos anos 2000 foi sem dúvida o técnico Muricy Ramalho. Nascido em 1955, foi revelado pelo próprio São Paulo e, como jogador do clube, foi campeão paulista em 1975 e campeão brasileiro em 1977. Uma grave contusão no joelho interrompeu sua ascensão no clube. Saiu do Tricolor em 1979 para jogar no México, país no qual encerraria a sua carreira em 1985.

Entre 1994 e 1995, Muricy foi auxiliar técnico de Telê Santana. Quando Telê saiu, em 1996, assumiu o time por seis meses e depois por mais cinco, em razão da demissão de Carlos Alberto Parreira (treinador campeão mundial pelo Brasil em 1994). Saiu do clube em 1997 para voltar em 2006 e fazer história na agremiação ao conseguir um feito extraordinário: ganhar o mesmo campeonato por três anos consecutivos, no caso o Campeonato Brasileiro de 2006, 2007 e 2008. Ficaria no São Paulo até 2009, regressando em 2013 e lá permanecendo até 2015, um período no qual não conseguiu ser campeão outra vez. Além do tricampeonato brasileiro consecutivo, Muricy venceu a Copa Conmebol em 1994 e a Copa Master da Conmebol em 1996. Uma curiosidade: foi ele quem, em 1997, deu o aval para Rogério Ceni cobrar faltas – a marca do goleiro que se transformaria em ídolo são-paulino, como vimos antes. Atualmente é o coordenador técnico do time;

No Corinthians, destacaram-se na década de 2000:
* André Santos, nascido em 1975, atuou no clube em 2008 e em 2009. Ganhou a Copa do Brasil de 2009 (marcando gol no segundo confronto da final contra o Internacional, no estádio Beira-Rio, em Porto Alegre), o Campeonato Brasileiro da Série B em 2008 e o Campeonato Paulista em 2009 (marcando o tento de empate no segundo jogo da final contra o Santos, garantindo o título ao Corinthians);
* Dentinho, nascido em 1989, foi revelado pelo próprio Corinthians e pelo clube venceu o Campeonato Brasileiro da Série B em 2008, o Campeonato Paulista em 2009 e a Copa do Brasil no mesmo ano;
* Elias, nascido em 1985, jogou no Corinthians de 2008 a 2010 e de 2014 a 2016. Com a equipe se sagrou campeão do Campeonato Brasileiro da Série B em 2008, do Campeonato Paulista em 2009, da Copa do Brasil do mesmo ano e do Campeonato Brasileiro em 2015. Entre 2009 e 2010, marcou cinco gols contra o São Paulo e em nenhuma das vezes o Corinthians saiu derrotado no confronto;
* Fábio Luciano, nascido em 1975, defendeu o clube de 2000 a 2001 e de 2002 a 2003. No time, conquistou o Mundial de Clubes de 2000, o Campeonato Paulista em 2001 e em 2003 (levantando a taça como o capitão da equipe), o Torneio Rio-São Paulo de 2002

e a Copa do Brasil do mesmo ano. Depois do Corinthians, jogou no Fenerbahçe da Turquia, e no Colônia, da Alemanha. Encerrou a carreira em 2009 no Flamengo, onde também foi ídolo;

* Gil, nascido em 1980, foi revelado pelo Corinthians e no clube jogou de 2000 a 2005. Com o time se sagrou campeão do Campeonato Paulista em 2001 e em 2003, da Copa do Brasil em 2002, e do Torneio Rio-São Paulo do mesmo ano e do Campeonato Brasileiro em 2005. Teve papel decisivo nos títulos ganhos em 2002;

* Ronaldo "Fenômeno", nascido em 1976, atuou no Corinthians de 2009 a 2011. Venceu o Campeonato Paulista em 2009, marcando vários gols importantes, como no empate em 1 a 1 contra o Palmeiras, nos acréscimos da partida, e nas finais contra o Santos. Naquele mesmo ano conquistou a Copa do Brasil. Eleito melhor jogador do mundo pela Fifa nos anos de 1996, 1997 e 2002, Ronaldo foi convocado para a Copa do Mundo de 1994 nos Estados Unidos (na qual, estando na reserva, se sagrou campeão com o Brasil), de 1998 na França, de 2002 na Coreia do Sul e no Japão (da qual foi artilheiro, com oito gols, sendo dois na final contra a Alemanha) e de 2006 na Alemanha. Com 15 tentos assinalados, é o recordista em gols pelo Brasil em Copas do Mundo;

* Tevez, nascido em 1984 na Argentina, jogou no Corinthians de 2005 a 2006. Pelo time foi campeão brasileiro em 2005, sendo inclusive eleito o melhor jogador do campeonato. É atualmente o segundo maior artilheiro estrangeiro da história do clube, com 46 gols. Pela seleção argentina, foi convocado para jogar as Copas do Mundo de 2006 na Alemanha e de 2010 na África do Sul. Depois do Corinthians, atuou na Europa, atuando em clubes como Manchester United da Inglaterra e Juventus da Itália. Atualmente joga pelo Boca Juniors da Argentina.

2011-2020

Por fim, entre 2011 e 2020, ocorreram 42 confrontos entre São Paulo e Corinthians, sendo dois pela Recopa Sul-Americana, um pela Florida Cup, dois pela Copa Libertadores da América, 17 pelo Campeonato Paulista e 20 jogos pelo Campeonato Brasileiro. Os estádios utilizados nesse período foram a Arena Barueri, onde aconteceu o centésimo gol da carreira do goleiro são-paulino Rogério Ceni, o Pacaembu, o Morumbi, a Neo Química Arena (inaugurada em 2014 para a Copa do Mundo do Brasil e casa corintiana desde então) e o Spectrum Stadium em Orlando, nos Estados Unidos (na final da Florida Cup).

Naquele período, o São Paulo ganhou dez jogos, o Corinthians venceu 18 jogos e aconteceram 14 empates.

Na referida década, o Corinthians ganhou a Copa Libertadores da América em 2012 (de maneira invicta), a Recopa Sul-Americana em 2013 (tendo o São Paulo como vice), o Mundial de Clubes em 2012, a Copa São Paulo de Futebol Júnior também em 2012, 2015 e 2017, o Campeonato Brasileiro em 2011, 2015 e 2017 e os campeonatos paulistas de 2013, 2017, 2018 e 2019 (tendo o São Paulo como vice). Já o Tricolor conquistou a Copa Sul-Americana em 2012, a Florida Cup em 2017 (tendo o Corinthians como vice) e a Copa São Paulo de Futebol Júnior em 2019.

Com a inauguração da Neo Química Arena, todos os clássicos contra o São Paulo com mando do Corinthians foram realizados lá. Até agora o Corinthians continua invicto em sua casa: foram 13 jogos, com dez vitórias corintianas e apenas três empates.

Em 2020, duas partidas foram realizadas com o portão fechado, ou seja, sem torcida presente, devido à pandemia da covid-19.

Durante os anos 2010, os protagonistas do Majestoso ofereceram espetáculos com uma festa de tentos marcados, como as goleadas do Corinthians por 5 a 0 no dia 26 de junho de 2011 e por 6 a 1 em 22 de novembro de 2015, a qual, além de igualar o placar mais folgado alcançado pelo time são-paulino na história do clássico, em um jogo ocorrido no ano de 1933, foi a peleja que marcou a entrega da taça de campeão brasileiro ao time corintiano.

O placar da Arena Corinthians exibe os números da maior goleada da história do alvinegro contra o São Paulo, aplicada em novembro de 2015. Foto Gazeta Press.

Digna de nota também foi a goleada de 4 a 0 aplicada pelo São Paulo no dia 5 de novembro de 2016.

As equipes decidiram a Recopa Sul-Americana em 2013, com duas vitórias do Corinthians, sendo 2 a 1 na primeira partida, no dia 3 de julho, e 2 a 0 na segunda, em 17 de julho de 2013; a Florida Cup em 2017, na cidade de Orlando, nos Estados Unidos, com um empate por 0 a 0 no tempo regulamentar e a vitória do São Paulo por 4 a 3 nos pênaltis no dia 21 de janeiro de 2017; e o Campeonato Paulista de 2019, com um empate no primeiro jogo por 0 a 0, no dia 14 de abril, e a vitória corintiana por 2 a 1 no segundo jogo, em 21 de abril de 2019, o que deu ao Corinthians o primeiro tricampeonato paulista desde 1939. São Paulo e Corinthians se enfrentaram nas semifinais do Campeonato Paulista de 2013, com um empate por 0 a 0 no tempo regulamentar e vitória do escrete corintiano por 4 a 3 nos pênaltis no dia 5 de maio de 2013; do Campeonato Paulista de 2017, com vitória do Corinthians no primeiro confronto por 2 a 0 no dia 16 de abril e um empate por 1 a 1 no segundo, no dia 23 de abril de 2017; e no Campeonato Paulista de 2018, com vitória do São Paulo no primeiro jogo por 1 a 0 no dia 25 de março e uma vitória do Corinthians no segundo por 1 a 0 no dia 28 de março, o que levou a decisão para a disputa de pênaltis, vencida pelos corintianos por 5 a 4.

Dentre todas as pelejas entre São Paulo e Corinthians na década de 2010, duas certamente se destacam, não porque decidiram um campeonato e sim por seu ineditismo: foram os jogos válidos pela Copa Libertadores da América de 2015 na fase de grupos.

O primeiro encontro foi realizado no dia 18 de fevereiro na Neo Química Arena, então chamada de Arena Corinthians. Os donos da casa venceram por 2 a 0. O Corinthians jogou com: Cássio, Fágner, Felipe,

A equipe corintiana posa para a foto antes do primeiro jogo na história em que enfrentou o São Paulo pela Copa Libertadores da América, em fevereiro de 2015. Foto Gazeta Press.

Gil, Fábio Santos, Ralf, Jadson (depois Stiven Mendoza), Elias (depois Bruno Henrique), Renato Augusto, Emerson Sheik (depois Malcom) e Danilo. O técnico era Tite (o treinador mais vezes campeão pelo clube, com seis conquistas, sendo as mais importantes dois campeonatos brasileiros, uma Copa Libertadores da América e um Mundial de Clubes; em 2016 assumiria o comando da seleção brasileira). O São Paulo colocou no gramado os seguintes jogadores: Rogério Ceni, Bruno, Rafael Tolói, Dória, Michel Bastos, Denílson, Souza, Maicon (depois Thiago Mendes), Paulo Henrique Ganso, Alan Kardec (depois Reinaldo) e Luís

*O time são-paulino que entrou em campo para a disputa do segundo jogo na história contra o Corinthians na Libertadores, em abril de 2015.
Foto Gazeta Press.*

Fabiano. O técnico era Muricy Ramalho. Os gols do Corinthians foram marcados por Elias aos 11 minutos do primeiro tempo e Jadson aos 22 minutos do segundo tempo.

A segunda partida foi realizada no dia 22 de abril no estádio do Morumbi e o São Paulo venceu por 2 a 0. O Tricolor atuou com os seguintes jogadores: Rogério Ceni, Bruno, Rafael Tolói, Dória, Reinaldo, Denílson (depois Centurión), Souza, Hudson (depois Rodrigo Caio), Paulo Henrique Ganso, Michel Bastos (depois Thiago Mendes) e Luís Fabiano. O treinador era Mílton Cruz. O Corinthians foi a campo com:

Cássio, Fágner, Felipe, Gil, Uendel, Ralf, Elias, Jadson (depois Bruno Henrique), Renato Augusto (depois Danilo), Emerson Sheik e Vágner Love (depois Stiven Mendoza). O técnico seguia sendo Tite. Os gols do São Paulo foram marcados por Luís Fabiano aos 31 minutos do primeiro tempo e Michel Bastos aos 39 minutos da mesma etapa.

Vale lembrar que Alexandre Pato era jogador do São Paulo em 2015 e não enfrentou o Corinthians em nenhum dos jogos por causa do contrato, que impedia que ele atuasse contra o seu ex-clube. Já os jogadores do Corinthians Fábio Santos, Jadson, Emerson Sheik e Danilo tiveram passagem pelo São Paulo.

Tanto Corinthians como São Paulo se classificaram para as oitavas de final daquela Copa Libertadores da América, entretanto o Tricolor seria eliminado já nas oitavas, perdendo para o Cruzeiro, enquanto os corintianos dariam adeus à competição após derrota para o Guaraní do Paraguai.

Aqui estão os principais nomes do São Paulo na década de 2010:

* Casemiro, nascido em 1992, defendeu o clube, que, a propósito, o revelou, entre 2010 e 2013. No time, conquistou a Copa São Paulo de Futebol Júnior em 2010 e a Copa Sul-Americana em 2012. Deixou o São Paulo vendido para o Real Madrid da Espanha, onde já ganhou vários títulos. Foi convocado para a Copa do Mundo de 2018 na Rússia pela seleção brasileira;
* Lucas Moura, nascido em 1992, jogou no Tricolor entre 2010 e 2012. Venceu a Copa São Paulo de Futebol Júnior em 2010 e a Copa Sul-Americana em 2012, fazendo inclusive um gol na final contra o Tigre, da Argentina. Depois do São Paulo, atuou no Paris Saint-Germain da França e atualmente joga pelo Tottenham da Inglaterra;

* Rodrigo Caio, nascido em 1993, foi jogador do clube entre 2011 e 2018. Revelado pela própria agremiação, ganhou a Copa São Paulo de Futebol Júnior em 2010 e a Copa Sul-Americana em 2012. No ano de 2016, integrou o elenco da seleção brasileira que se sagrou campeã olímpica no Rio de Janeiro. Em 2019, foi vendido para o Flamengo, sendo importante nos títulos que a equipe ganharia naquele ano;
* Jonathan Calleri, nascido em 1993 na Argentina, foi revelado em seu país atuando pelo All Boys em 2012. Apesar de haver jogado no Tricolor apenas em 2016, tendo marcado 16 gols em 31 jogos, entrou para a história do clube ao fazer nove tentos na edição daquele ano da Copa Libertadores da América e levar a equipe às semifinais da competição. Foi o artilheiro do campeonato, batendo o recorde que pertencia a Luís Fabiano, autor de oito gols na edição de 2004, na qual também se consagrou como artilheiro.

Do lado do Corinthians, eis os grandes nomes daquele mesmo período:
* Alessandro, nascido em 1979, atuou no time de 2008 a 2013. Conquistou o Campeonato Brasileiro da Série B de 2008, a Copa do Brasil de 2009, os campeonatos paulistas de 2009 e de 2013, o Campeonato Brasileiro em 2011, a Copa Libertadores da América de 2012 (levantando a taça como capitão da equipe), o Mundial de Clubes do mesmo ano e a Recopa Sul-Americana de 2013;
* Cássio, nascido em 1987, chegou ao escrete em 2012, e lá permanece até hoje. Na Copa Libertadores da América disputada no ano de sua estreia no Corinthians, fez a histórica defesa no chute do então vascaíno Diego Souza nas quartas de final, ajudando o time a ganhar o título inédito. No fim de 2012, foi eleito pela Fifa o melhor jogador do Mundial de Clubes, no Japão, competição que terminou com o triunfo corintiano (na decisão, derrotou o Chelsea, da Inglaterra). Além desses títulos, venceu também a Recopa Sul-Americana de 2013, os campeonatos paulistas de 2013, 2017, 2018 e 2019 e os campeonatos brasileiros de 2015 e de 2017. É atualmente o jogador com mais títulos oficiais pelo clube com nove conquistas;

* Chicão, nascido em 1981, jogou no Corinthians de 2008 a 2013 e ganhou o Campeonato Brasileiro da Série B de 2008, a Copa do Brasil de 2009, os campeonatos paulistas de 2009 e de 2013, o Campeonato Brasileiro em 2011, a Copa Libertadores da América de 2012, o Mundial de Clubes de 2012 e a Recopa Sul-Americana de 2013. É o segundo maior zagueiro-artilheiro da história do clube, com 42 gols;
* Danilo, nascido em 1979, com passagem pelo São Paulo – sendo campeão do Campeonato Paulista, da Copa Libertadores da América e do Mundial de Clubes em 2005 e do Campeonato Brasileiro em 2006 –, chegou ao Corinthians em 2010, vindo do Kashima Antlers, do Japão. Atuou no escrete corintiano até 2018. Foi campeão paulista em 2013 e 2018, campeão brasileiro em 2011, 2015 e 2017 (igualando-se, assim, a Dinei, que defendeu a equipe nos anos 1990, ao conquistar três campeonatos brasileiros), campeão da Copa Libertadores da América em 2012 (marcando vários gols importantes), campeão do Mundial de Clubes no mesmo ano e campeão da Recopa Sul-Americana em 2013. É o único jogador do Corinthians a marcar gols nos atuais estádios dos três rivais da agremiação (Vila Belmiro, casa do Santos, o Morumbi, do São Paulo, e o Allianz Parque, do Palmeiras);
* Emerson (nascido Marcio) Sheik, nascido em 1978 e revelado pelo São Paulo em 1998 – clube em que atuou até 2000 –, jogou no Corinthians de 2011 a 2014, em 2015 e em 2018. Venceu os campeonatos paulistas de 2013 e de 2018, o Campeonato Brasileiro de 2011 (o seu terceiro seguido, defendendo três camisas diferentes) e 2015, a Copa Libertadores da América de 2012 (sendo o autor dos dois gols na vitória por 2 a 0 contra o Boca Juniors, na final), o Mundial de Clubes do mesmo ano e a Recopa Sul-Americana de 2013. É o jogador mais velho a atuar e a marcar um gol pelo Corinthians (tinha 39 anos, 6 meses e 8 dias quando fez um tento contra o Deportivo Lara, da Venezuela, em 14 de março de 2018, numa partida válida pela Libertadores, realizada na Neo Química Arena);
* Paolo Guerrero, nascido em 1984 no Peru, jogou com o uniforme corintiano de julho de 2012 a maio de 2015. Nesse período foi campeão do Campeonato Paulista de 2013, do Mundial de Clubes de 2012 (marcando todos os gols do clube na competição

tanto na semifinal contra o Al Ahly, do Egito, como na final contra o Chelsea, da Inglaterra) e venceu ainda a Recopa Sul-Americana de 2013 e o Campeonato Brasileiro em 2015. É atualmente o maior artilheiro estrangeiro da história do Corinthians, com 54 gols. Foi convocado para atuar pela seleção peruana na Copa do Mundo de 2018 na Rússia;

* Jadson, nascido em 1983, chegou ao Corinthians em 2014, depois de uma passagem pelo São Paulo, time no qual ganhou a Copa Sul-Americana de 2012, vindo de forma definitiva enquanto Alexandre Pato seguia para o São Paulo por empréstimo. Jadson, que jogou no clube entre 2014 e 2015 e de 2017 a 2019, foi campeão brasileiro em 2015 e 2017 e conquistou os campeonatos paulistas de 2017, 2018 e 2019. É o quarto jogador com mais assistências na história do clube: 63 passes para gols;

* Jô, nascido em 1985, foi revelado pelo próprio Corinthians. Atuou no time no período de 2003 a 2005 e em 2017 e voltou a jogar na equipe em junho de 2020. Ganhou o Paulista de 2017 e os campeonatos brasileiros de 2005 e de 2017. Jô entrou para a história do clube também ao ser, em 2017, o primeiro jogador corintiano a conquistar a artilharia do Campeonato Brasileiro, com 18 gols, dividindo assim o posto de maior goleador da competição com Henrique Dourado, que defendia o Fluminense. Foi convocado para a seleção brasileira que disputaria a Copa do Mundo de 2014 dentro do próprio país;

* Renato Augusto, nascido em 1988, chegou ao Corinthians em 2013 vindo do Bayer Leverkusen, da Alemanha. Foi jogador da equipe até 2015, ganhando pelo clube o Campeonato Paulista de 2013, a Recopa Sul-Americana do mesmo ano e o Campeonato Brasileiro de 2015, do qual foi eleito o melhor jogador. Em 2016, fez parte da seleção brasileira campeã olímpica no Rio de Janeiro. Foi convocado para o time principal que disputaria a Copa do Mundo de 2018 na Rússia;

* Vágner Love, nascido em 1984, defendeu o Palmeiras em 2003, ganhando o Campeonato Brasileiro da Série B. Em 2015 chegaria ao Corinthians, onde atuaria também nos anos de 2019 e 2020. Na equipe corintiana venceria o Brasileiro de 2015, sendo o

vice-artilheiro da competição, e o Campeonato Paulista de 2019, marcando o gol do título na final contra o São Paulo.

Ao longo dos 90 anos de história do Majestoso, aconteceram 347 jogos entre São Paulo e Corinthians. Os corintianos venceram 131 vezes, houve 110 empates e 106 vitórias do São Paulo. O Corinthians marcou 497 gols e o Tricolor 468 gols.

O Morumbi foi o que mais abrigou partidas entre as duas equipes, com 149 jogos no total. Apesar disso, a vantagem naquele estádio não ficou com os donos da casa: o Corinthians obteve lá 50 vitórias, enquanto o São Paulo somou 40.

A cidade mais distante da capital paulista na qual os dois times se enfrentaram foi Orlando, nos Estados Unidos. Considerando apenas o Brasil, tal marca é de Recife.

O dia da semana em que ocorreram mais confrontos entre Corinthians e São Paulo foi o domingo: 244. O mês recordista de partidas é março: 39. Já a data com mais jogos é 2 de dezembro, com 6.

O placar mais repetido no clássico é o empate em 1 a 1. Esse resultado já aconteceu em 57 jogos.

O maior público da história do clássico aconteceu no dia 5 de dezembro de 1982, no Estádio do Morumbi, válido pelo Campeonato Paulista, na vitória de 3 a 2 do São Paulo, na qual estiveram presentes 119.858 pessoas, sendo 117.061 pagantes.

O ex-goleiro Rogério Ceni, hoje treinador do Flamengo, é o jogador do São Paulo que mais enfrentou o Corinthians na história: 67 vezes.

O goleiro corintiano Cássio é o atleta do clube que mais enfrentou o Tricolor em toda a história do Majestoso: foram 37 partidas.

Serginho Chulapa é o jogador do São Paulo que fez mais gols no Corinthians:15 ao todo.

Teleco é o atleta do Corinthians que mais tentos marcou contra o São Paulo: foram 24 no total.

O Tricolor já provocou a queda de 13 técnicos do Corinthians depois do Majestoso; na mão contrária, quatro treinadores do São Paulo caíram em razão de resultados ruins frente à equipe corintiana.

Vicente Feola é o treinador do São Paulo que mais enfrentou o Corinthians na história: foram 36 jogos ao todo (11 vitórias, 11 empates e 14 derrotas). Já no Corinthians, Oswaldo Brandão é o técnico recordista de partidas contra o São Paulo: 31 no total (14 vitórias, dez empates e sete derrotas).

Topper e Penalty são as duas únicas marcas de fornecedores de material esportivo que já estiveram no uniforme de ambas as equipes.

Ao longo da história, vários jogadores vestiram a camisa dos dois clubes. Esse foi o caso, por exemplo, dos seguintes atletas: o atacante Adriano "Imperador"; o atacante Alcindo; o atacante Alexandre Pato; o lateral Alfredo Ramos; o meia Almir Pernambuquinho; o meia Amoroso; o zagueiro Ânderson Beraldo; o lateral André Luiz; o zagueiro Antônio Carlos Zago; o volante Bernardo; o meia Bobô; o meia Carlos Alberto; o atacante Casagrande; o volante César Sampaio; o ponta-direita Cláudio Christóvam de Pinho; o meia Danilo; o lateral Denys; o volante Dino Sani; o volante Édson Cegonha; o ponta-esquerda Elivélton; o atacante Emerson Sheik; o meia Éverton; o lateral Fábio Santos; o atacante Geró; o atacante Guilherme Alves; o lateral Gustavo Nery; o meia Hugo; o meia Jadson; o meia Jamelli; o atacante Jonathan Cafu; o meia Jorge Wagner; o volante Jucilei; o atacante Lanzoninho; o atacante Leandro Azevedo; o atacante Léo Natel; o atacante Luciano; o centroavante Luizão; o atacante Marques; o centroavante Mirandinha; o atacante Müller; o lateral Nelsinho Kerchner; o atacante Nenê; o armador Neto; o lateral Paulo Roberto Costa; o volante Pereira; o volante Petros; o meia Ricardinho; o meia Rivaldo; o meia Roberto Rivellino; o centroavante Serginho Chulapa; o goleiro Sérgio Valentim; o atacante Silva Batuta; o meia Souza; o lateral Vítor; o zagueiro Wágner Basílio; o goleiro Waldir Peres e o centroavante Zé Roberto Marques, entre outros.

Além de atletas, muitos técnicos passaram pelos dois clubes. Esse foi o caso, por exemplo, de Adílson Batista; Alfredo Ramos; Amílcar Barbuy; Armando Del Debbio; Armando Renganeschi; Aymoré Moreira; Carlos Alberto Parreira; Carlos Alberto Silva; Cilinho; Darío Pereyra; Dino Sani; Emerson Leão; Formiga; Jim Lopes; Joreca; José Carlos Serrão; Márcio Araújo; Mário Sérgio; Mário Travaglini; Nelsinho Baptista; Oswaldo Alvarez; Oswaldo Brandão; Oswaldo de Oliveira; Paulo César Carpegiani; Rubens Minelli; Sylvio Pirillo; Vagner Mancini; Valdir Joaquim de Moraes e Zezé Moreira.

Para além do futebol

É importante ressaltar que o clássico Majestoso não ocorreu só no futebol. No basquete masculino ele é disputado desde 2019 e, ao contrário do futebol, no qual o histórico de confrontos é favorável ao Corinthians, no basquete masculino a vantagem é são-paulina: o Tricolor venceu as quatro partidas já realizadas.

O basquete masculino no Corinthians teve início em 1928, depois que foi inaugurado o Parque São Jorge. O clube já teve em seu plantel craques como Wlamir Marques, Rosa Branca, Amaury, Ubiratan, Oscar Schmidt, Eduardo Agra e Guilherme Giovannoni, entre outros.

Ao longo da história, o basquete masculino do Corinthians ganhou três vezes o Campeonato Sul-Americano de Clubes Campeões, quatro vezes o Campeonato Brasileiro e uma vez a Liga Ouro (equivalente à segunda divisão da competição). Conquistou 14 vezes o Campeonato Paulista. Também já foi campeão de vários torneios da modalidade, sendo um deles o Troféu Reis Carneiro de 1965, quando derrotou o Real Madrid da Espanha, que era o campeão europeu.

O Corinthians já foi ainda cinco vezes vice-campeão do Campeonato Paulista, cinco vezes vice-campeão do Campeonato Brasileiro, três vezes vice-campeão da Liga Sul-Americana e uma vez vice-campeão do Campeonato Mundial Interclubes.

Já no São Paulo, o basquete masculino começou em 1930, quando o clube foi fundado. O Tricolor ganhou o extinto Campeonato Paulista da Capital em 1943. Ganharia o também extinto Campeonato Estadual da primeira divisão, em 1989. Depois disso, a agremiação encerraria as atividades profissionais de basquete até o ano de 2005, quando voltou a disputar o Campeonato Paulista, numa parceria com o AD Santo André. Todavia, essa parceria seria encerrada naquele mesmo ano. Somente em novembro de 2018 o São Paulo voltou a ter uma equipe de basquete masculina profissional. Em 2019, a equipe seria vice-campeã da Liga Ouro, classificando-se assim para a elite da referida modalidade esportiva no país, o chamado Novo Basquete Brasil (NBB), na qual se encontra até hoje.

Uma curiosidade é que o atual técnico do basquete são-paulino, Cláudio Mortari, nascido em 1948 e que está no clube desde 2018, foi treinador do Corinthians no período de 1985 a 1987, tendo sido campeão paulista no ano de sua chegada à equipe.

Fora dos gramados e das quadras, o clássico Majestoso também acontece no Sambódromo do Anhembi, em São Paulo. Isso porque a Gaviões da Fiel, maior torcida organizada do Corinthians, e a Dragões da Real, uma das maiores do lado são-paulino, dão nome também a escolas de samba – e ambas estão na primeira divisão do carnaval paulistano.

A Gaviões da Fiel, fundada em 1969, já foi campeã do carnaval da cidade nos anos de 1995, 1999, 2002 e 2003. Já a Dragões da Real, fundada em 2000, ainda não conquistou nenhum título do carnaval paulistano da primeira divisão.

Ao extrapolar os limites dos campos futebolísticos, a rivalidade entre Corinthians e São Paulo acaba se estendendo a outras esferas – mais precisamente às quadras de basquete e de escolas de samba. No entanto, é o futebol o principal motor de tal adversidade, muitas vezes caracterizada pela associação entre os clubes e certos animais. Conforme vimos anteriormente, foi o ex-jogador corintiano Vampeta quem deu o apelido de Bambi aos são-paulinos, contudo, como observa o historiador Hilário Franco Júnior no seu livro *A dança dos deuses:* Futebol, cultura, sociedade: "O animal-totem é associado a clubes de futebol por meio de diferentes mecanismos. Algumas vezes por iniciativa da própria instituição, outras vezes da torcida (como é o caso do gavião no Corinthians), outras ainda de uma torcida adversária (como chamar os são-paulinos de Bambi e chamar os corintianos de gambá). A conexão em certos casos baseia-se em dado concreto, outras vezes é imaginária"[51].

Pelo fato de os dois times terem torcidas muito numerosas, a violência entre elas também é grande, com episódios de brigas não só nos estádios como também em locais distantes de tais arenas, como no transporte público, por exemplo.

---

[51] Ver FRANCO JÚNIOR, 2007, p. 220.

Conclusão: Majestoso, para sempre

Como foi possível acompanhar ao longo do presente estudo, com 90 anos de enfrentamentos no futebol, a rivalidade entre Corinthians e São Paulo, que deu forma a um clássico, é bem intensa – e está longe de terminar.

Não se pode, entretanto, deixar de considerar que a oposição entre os times se apoie no sentimento de aversão entre torcedores – na verdade, um tipo de "ressentimento". Afinal, citando de novo o historiador Hilário Franco Júnior:

> Qualquer que seja sua origem e sua trajetória, a rivalidade futebolística acaba por criar certo ressentimento de um grupo em relação a outro. Cada lado pode alegar muitos eventos, reais ou imaginários, que justificam sua mágoa: uma goleada histórica, uma grande briga de torcida, um apelido ofensivo, uma vitória "roubada", um ídolo contratado ao rival. Pouco importam as razões. O essencial é que, uma vez instalado, o ressentimento é sempre passível de ser reativado. E o futebol é pródigo em oferecer oportunidades para tanto.[52]

Assim, é certo que o Majestoso seguirá escrevendo páginas marcantes do esporte no Brasil.

---

[52] Ver FRANCO JÚNIOR, 2017, p. 213.

Referências

Livros

BADIOU, Alain. Vingt-quatre notes sur les usages du mot "people". In: BADIOU, Alain et al. *Qu'est-ce qu'un peuple?* Paris: La Fabrique, 2013. p. 9-22.

COLLIVA, Paolo. Povo. In: BOBBIO, Norberto et al. (Org.). *Dicionário de política*. Brasília: Editora UnB, 1998. 1v. 11. ed. p. 986-988.

COSTA, Alexandre da. *Almanaque do São Paulo*. São Paulo: Editora Abril, 2005.

DUARTE, Orlando; VILELA, Mário. *São Paulo FC: O Supercampeão*. São Paulo: Companhia Editora Nacional, 2011.

FARAH NETO, José Jorge; KUSSAREV JUNIOR, Rodolfo. *Almanaque do Futebol Paulista 2001*. São Paulo: Editora Panini, 2001.

FERREIRA, Renata; ALMEIDA, Marco Antonio Bettine de. Os clubes de futebol e o processo de urbanização e racionalização da cultura na região do rio Tietê (1889-1945). *EFDeportes.com*, Revista Digital. Buenos Aires, Año 16, No. 165, Febrero de 2012. Disponível em: <https://www.efdeportes.com/efd165/os-clubes-de-futebol-e-o-processo-de-urbanizacao.htm>.

FONTENELLE, André; STORTI, Valmir. *A história do campeonato paulista*: 1902-1996. São Paulo: Publifolha, 1997.

FRANCO JÚNIOR, Hilário. *A dança dos deuses*: futebol, sociedade, cultura. São Paulo: Companhia das Letras, 2007.

FRANCO JÚNIOR, Hilário. *Dando tratos à bola*: ensaios sobre futebol. São Paulo: Companhia das Letras, 2007.

GIACOMINI, Conrado. *São Paulo – Dentre os grandes, és o primeiro*. Rio de Janeiro: Ediouro, 2005.

GIULIANOTTI, Richard. *Sociologia do futebol*: dimensões históricas e socioculturais do esporte das multidões. São Paulo: Nova Alexandria, 2002.

GOIN, Émilie; PROVENZANO, François (dir.) *Usages du peuple*: Savoirs, discours, politiques. Collection. Liège: Situations. Presses universitaires de Liège, 2017.

GUTERMAN, Marcos. *O futebol explica o Brasil*: Uma história da maior expressão popular do país. São Paulo: Contexto, 2009.

MELLO, Selton. *O dia em que me tornei são-paulino*. São Paulo: Panda Books, 2013.

SANTIAGO JUNIOR, José Renato Sátiro. *Almanaque do São Paulo*: 90 anos de glórias. São Paulo, 2020.

STREAPCO, João Paulo França. *Cego é aquele que só vê a bola*: O Futebol Paulistano e a Formação de Corinthians, Palmeiras e São Paulo. São Paulo: Edusp, 2016.

UNZELTE, Celso. *Almanaque do Timão*. São Paulo: Editora Abril, 2000.

Jornais

Correio Paulistano, 25/05/1930. Disponível em: <http://memoria.bn.br/pdf/090972/per090972_1930_23872.pdf≥.

Correio Paulistano, 27/05/1930. Disponível em: <http://memoria.bn.br/pdf/090972/per090972_1930_23873.pdf>.

Lance!, 13/10/2016. Disponível em: <http://esportes.terra.com.br//lance/,02fc9ed4aca4cb5fef12886ccda2b0f3tns9pskw.html>.

O Estado de S. Paulo, 06/03/1925. Disponível em: <https://acervo.estadao.com.br/pagina/#!/19250306-16813-nac-0006-999-6-not>.

Blogs:

Boleiros S/A. Disponível em: <https://cneboleiros.blogspot.com/2018/04/associacao-atletica-das-palmeiras.html>.

História do Futebol. Disponível em:<https://historiadofutebol.com/blog/?p_&paged=324>.

Memórias do Ventura. Disponível em:<http://ventura-memriasdoventura.blogspot.com/2019/07/137-anos-do-nascimento-de-arthur.html>.

Revistas

Placar – Os grandes clássicos, São Paulo, Coleção de Aniversário, número 2, 2005.

Placar – Meu time dos sonhos, São Paulo, número 1301-B, 2006.

Revista Oficial do São Paulo, São Paulo, número 113, 2002.

Sites

CBF. <https://www.cbf.com.br/selecao-brasileira/copa/america-2019/friedenreich-origem-historias-e-mitos-do-primeiro-idolo-da-selecao>

Ludopédio. <https://www.ludopedio.com.br/arquibancada/o-time-do-povo-mas-que-povo-uma-breve-reflexao-da-utilizacao-da-expressao-time-do-povo-no-futebol/>

Recanto das Letras. <https://www.recantodasletras.com.br/artigos-de-esporte/6721911>

São Paulo Futebol Clube. <http://www.saopaulofc.net/spfcpedia/enciclopedia>

O futebol como retrato da sociedade

O futebol não teria muita graça se fosse jogado apenas entre quatro linhas – sim, haveria a genialidade de Pelé e Maradona, a elegância de Beckenbauer e Cruyff, haveria Garrincha, mas faltaria um bom pedaço do que o faz o mais popular e interessante dos esportes. O futebol é o que é, apaixonante, por ser representação da sociedade fora de campo. É sociologia, é comportamento. Se você chegou até aqui, depois de ter atravessado o magistral trabalho de Gabriel Cardoso Pereira Gama, alinhavado pelo prefácio de Celso Unzelte e pela orelha de Juca Kfouri, saiba ter mergulhado com elegância e riqueza de informações nesse casamento do esporte com a vida. Ao apresentar o duelo do "time do povo" contra o "time da elite", Gabriel nos mostra que nem sempre os chavões devem ser levados ao pé da letra – há exageros, há mistificações. Não é fácil desmontar as falsas impressões, e somente o trabalho minucioso e elegante de um pesquisador atento como Gabriel é que chega a vencer o muro das ideias preconcebidas.

A leitura de *Majestoso – A histórica rivalidade entre Corinthians e São Paulo* remete, como peça de investigação, a um outro duelo, pontual e praticamente desconhecido, mas igualmente afeito a traduzir um instante da humanidade. Em 1975, o cineasta italiano Pier Paolo Pasolini filmava *Salò – 120 dias de Sodoma* em Lorenzo di Mantova. Seu conterrâneo e contemporâneo Bernardo Bertolucci terminava *1900* em Parma. A relação entre os dois era ruim, emoldurada por diferenças ideológicas, os dois comunistas, mas um mais à esquerda do que o outro. A partida entre as equipes formadas por profissionais que filmavam as duas obras seminais, para além da disputa entre inimigos íntimos, ganhou contornos de extrema rivalidade. Foi disputada em campo neutro. Era aniversário de Bertolucci. O time *1900* entrou em campo com um traje multicolorido desenhado pelo estilista Gitte Magrini. O jornal *La Gazzetta di Parma* faria troça em sua manchete: "Bertolucci bate Pasolini (5-2) graças aos calções psicodélicos". Pasolini deixou o campo irritado, acusando Bertolucci de ter escalado jogadores profissionais do Parma. E o que era para ser diversão entre dois gênios não terminou muito bem. Mas ainda hoje ecoa como retrato de um tempo, os anos 1970 repletos de rachaduras políticas – que o cinema e o futebol iluminavam.

A essa altura do jogo é o caso de se perguntar – o que o Majestoso esmiuçado por Gabriel tem a ver com *1900 x 120* dos italianos? Tudo. Ambos ajudam a entender que o futebol, como a existência, não pode ser resumido a lugares-comuns – há nuances e são elas que dão graça ao cotidiano. Está mais para um drible do que para um chutão de fora da área. Como não era o caso de opor em cantos apartados Pasolini e Bertolucci, também não se deve rotular o Corinthians como o "time do povo" e o São Paulo como "o time da elite". Nem uma coisa, nem outra, é o que revelam as linhas do livro que você tem em mãos. Com o perdão pelo exagero de citações, a leitura deste fenomenal estudo provoca espanto semelhante ao de um outro Gabriel, García Márquez, depois de ter ido pela primeira vez a um jogo de futebol no estádio, em 1950, para ver uma partida do Júnior Barranquilla do brasileiro Heleno de Freitas. Era a descoberta das doçuras e contradições de um torcedor para além dos 90 minutos. Eis o que escreveu García Márquez: "Como era um encontro mais estrondoso que todos os anteriores, tive de ir cedo. Confesso que nunca em minha vida cheguei tão cedo em nenhum lugar e que de nenhum saí tão esgotado. Alfonso e Germán não tomaram nunca a iniciativa de me converter a essa religião dominical do futebol, talvez porque eles devessem suspeitar que alguma vez eu ia me converter nesse energúmeno, limpo de qualquer verniz que possa ser considerado como o último rastro de civilização, que fui ontem nas arquibancadas do Municipal. Entendo por que esses cavalheiros habitualmente tão impolutos se sentem como uma lula em sua tinta quando colocam, com todo um ritual, seu gorro de várias cores". Da leitura de *Majestoso – A histórica rivalidade entre Corinthians e São Paulo* brota entusiasmo semelhante ao de García Márquez em sua visita inaugural às arquibancadas. Há descobertas, há novidades que saem da superfície, vão às profundezas, e o fazem peça de obrigatória consulta daqui para a frente.

Fábio Altman

pólen bold 90 gr/m2
tipologia adobe garamond pro
impresso no primavera de 2022